老後資金なしでも幸せに生きられる

宝島社新書

まえがき

「日本没落」の流れに飲み込まれないための防衛策を！

「日本は経済大国」という表現が当たり前のように用いられ、東京をはじめとする大都市の発展ぶりを見れば、確かにその通りだと思うかもしれません。しかし、私たちの普段の生活からはなかなかイメージできないでしょう。

１９８０年代末にバブル経済が崩壊して以来、給料が増えないうえに預貯金も増やせないのが常識と化してしまいました。一方で、増税をはじめとする国民負担は増すばかりで、私たち国民が豊かさを実感できないのは当然だと言えそうです。

かつて日本は「ジャパン・アズ・ナンバーワン」ともてはやされ、世界の頂点に立っていたと聞かされても、おそらくZ世代以降の人たちには素直に信じてもらえないでしょう。経済活動によって国内で生み出された付加価値の総額であるＧＤＰ（国内総生産）は世界第3位ですが、1位の米国と2位の中国には遠く及びません。しかも、少子高齢化に伴って日本の人口は減り続けており、働き手が少なくなっていけば、将来的にGDPがもっと縮小する可能性があります。

ここから先の日本に、復活を期待するのは非常に困難な情勢です。それどころか、歴史的な物価高が続く中で国民負担はいっそう重くなっていくので、私たちの暮らしがよくなるはずがありません。こうした時代を生き抜くためには、家計を守っていくための知恵と工夫が必要となります。本書では、私たちが直面しているシビアな現実に負けないための防衛策についてまとめていますので、読者のみなさんの参考にしていただけたら幸いです。

（荻原博子）

日銀の金融政策転換が暗示する「暗黒の日本」

2012年末に第二次安倍政権が発足して以来、10年間にわたって日本銀行が続けてきた「異次元の金融緩和」に終止符が打たれました。2022年12月、日銀は長期金利（10年もの国債利回り）の変動上限を従来の0・25％から0・5％へと引き上げたのです。

これに伴い、長期金利に連動して決まる住宅ローン（固定金利型）の金利を引き上げる動きが見られました。新たに固定金利で住宅ローンを組む人は、それまでよりも利息の負担が増すことになります。さらに、2023年4月には黒田総裁が退任し、日銀のトップが交代するので、短期金利も上昇する可能性があります。

そうなれば、短期金利を指標としている変動金利型住宅ローンの金利も上昇します。岸田総理は金融引き締め派ですから、その後もどんどん上がっていくおそれもあるでしょう。

岸田総理が暴挙に出れば、家計が破綻するケースが続出することになります。ただし、それはあくまで、私たちが直面している危機のごく一部分にすぎません。

詳しくは本編で触れますが、特に東京で暮らす人たちは、今まで通りの生活を続けることが極めて困難となってきます。私が提案する都会と田舎の中間に住む「トカイナカ暮らし」は、これから訪れる無茶苦茶な時代を生き抜く一つの方策です。

（森永卓郎）

目次

第2章　森永卓郎が憂える日本の未来

第3章　荻原博子が嘆く日本の未来

第4章 【対談】荻原博子×森永卓郎「自産自消で豊かに生きる」

第5章　森永卓郎流「混迷の未来を生き抜く処世術」

第6章　荻原博子流「混迷の未来を生き抜く処世術」

構成／大西洋平
編集／宮下雅子、大竹崇文
撮影／伊藤幹
DTP、図版制作／G-clef

第1章

【対談】荻原博子×森永卓郎

「日本の未来は明るいのか」

グローバル資本主義が仕事をつまらなくしてしまった

――お二人はこれから待ち受けている世の中の変化について、どのようにお考えでしょうか？

森永　日本をはじめとする世界の国々が40年余りにわたって推進してきたグローバル資本主義（金融資本主義）は完全に行き詰まっており、これから大転換の時代がやってくると私は考えています。簡単に言えば、今までのグローバル資本主義を完全否定する動きが生じることでしょう。

エネルギーを湯水のごとくムダ遣いして地球環境をぶっ壊す社会、ごく一部の人々だけが巨額の富を手にし、一般の人々がどんどん転落していく社会、そして大都市への一極集中という社会が完全に終わると思います。この自説をもとに、2年間にわたって私は個人的に社会実験を行ってきました。

荻原　森永さんが取り組む社会実験とは、非常に気になりますね。いったい、どのような実験を行ってきたのですか？

森永　実験の中身について触れる前に、もう少しだけ前置きさせてください。荻原さんには「釈迦《しゃか》に説法」ですが、少子高齢化でこれから年金の支給額は急速に減っていきます。厚生労働省の「財政検証ケースⅥ」という最も厳しい推測をベースに計算すると、現時点で21万円の支給額（65歳の平均的モデルの夫婦世帯・2人の基礎年金＋夫の厚生年金）が13万円まで減額されます。

一方、現状で月額6万5000円弱の国民年金は3万9000円に減ってしまいます。こうした財政事情もあって、国は年金受給開始年齢の引き上げを通じ、「死ぬまで働け！」という政策を打ち出しているわけですね。

グローバル資本主義の最大の犯罪とは、仕事をつまらなくしてしまったことだと私は思っています。だから、同じくグローバル資本主義がもたらした地球環境悪化や格差拡大の改善とともに、楽しい仕事をすることを目指す実験に取り組んでみようと考えた次第です。

一言で説明すると、お金を稼ぐための仕事はすべてやめました。そして、楽しい仕事だけをやって生きていこうと思ったのです。実際に行動に移す決定打となったのが辛坊治郎さんのエピソードでした。

荻原　２０２１年8月にヨットによる単独・無寄港の太平洋往復横断を成し遂げた辛坊さんですね。かなり過酷な船旅だったようですが、彼のどんな話が森永さんの心を動かしたのですか?

森永　辛坊さんはヨットの中で、ずっと真剣に考え抜いていたとか。そして、せいぜい20年程度の残りの人生をつまらない仕事で埋めるのは馬鹿馬鹿しいから、好きなことだけやろうという結論に達したそうです。

この話を聞くまではそこまで深く考えてなかったのですが、同世代である辛坊さんの決断に刺激を受け、自分も同じように好きなことだけやることにしました。実際にやってみたら、年金が13万円に減っても平気だと実証できました。

低コストで楽しく生きることの実証実験「トカイナカ暮らし」

荻原　ひょっとして、その実験というのが著書にも書いていた「トカイナカでの暮らし」ということですか?

森永　おっしゃる通りです。私が取り組んだ実証実験は大都市で行うのが難しく、

「トカイナカ（都心と田舎の中間地点）」で暮らすという発想に至りました。

私はこの15年間ほど、平日は東京八丁堀の事務所、週末は埼玉県所沢の自宅という2拠点で生活し、大半の時間は都心で過ごしていましたが、それを大幅に見直しました。月・火・水は朝のラジオ番組出演があるので事務所で仮眠をとっていますが、それ以外の日は所沢で過ごし、事務所で仕事することをほぼやめたのです。

取り組んだのは、畑を借りて野菜を自分で作り、太陽光で発電すること。井戸掘りは水源がなくて失敗に終わったものの、食べ物とエネルギーのかなりの部分を自給できれば、まったく問題がないということがわかってきました。

以前はテレビの出演機会も多かったのですが、忖度《そんたく》せずに思った通りのことを発言していたら、あっという間に干されて結果的に整理できました。

いざ取り組んでみると、特に何のトラブルもなく、自動的に自分の理想形に近づいているというのが今の実感です。

荻原　好きな仕事だけをやるということに関して、具体的に森永さんの理想形とはどういった状態のことなのですか？

森永　畑での農作業と博物館（自身のコレクションを展示する「B宝館」）の運営をメインとすることです。ラジオは自由にしゃべれるので、好きです。辛坊治郎さんもラジオは継続してやっています。一瞬、大学の教壇に立つのも辞めようかなと思ったのですが、自分のゼミ生はわが子と同じような存在なので、彼らを裏切るわけにはいきません。

大学は70歳が定年だから、それまでは続けるつもりです。その代わり、授業の内容も含めて、私の好き勝手にやらせてもらっています。クビになってもいいやと思いながら働くと、本当にとても快適ですね。

つくづく、グローバル資本主義者は病気だと思っています。マルクスが指摘するように、「無限に終わらない価値増殖運動」を続けているのがグローバル資本主義者です。

人間、1億円の財があれば一生遊んで暮らせるし、10億円あれば子どもの代、100億円あれば孫の代まで安泰なのに、彼らはそれでは飽き足らず、倍々ゲームでさらに増やそうとしている。まさしく、マネー・ジャンキー（中毒患者）です。

振り返れば、日本が最もよかったのはバブルの時代

荻原　私の考えは森永さんとちょっと違いますが、資本主義社会、特に日本が行き詰まっているのは確かでしょうね。資本主義とは、本来、厳しい搾取のもとに成り立っていますが、敗戦で米国の統治下に入り、対共産対策として日本の資本主義は社会主義に近いものになった。それがバブル崩壊でむき出しの資本主義に突入したので、すべてが混沌《こんとん》としてしまいました。

何がよくて何が悪いのかをはっきりと区別できない中で、何かを選んでいかなければならないのが今の時代なのだと思っています。今まで私はあれもこれもと散文的に生きてきたので、総括を兼ねて330ページ近くに及ぶ拙著『私たちはなぜこんなに貧しくなったのか』（文藝春秋）を執筆しました。

執筆を通じて過去を振り返りながらしみじみと思ったのは、やはり日本が最もよかったのはバブルの頃までだったということです。かの時代に世界の頂点に立てたのは、終身雇用をはじめとする社会主義的な日本型の特殊なモデルがあったからです。

ところが、バブル崩壊後はそのモデルが合わなくなり、軌道修正にも失敗しました。その結果、「ジャパン・アズ・ナンバーワン」と言われていたにもかかわらず、以後30年間にわたって凋落《ちょうらく》の一途を辿《たど》ってきたわけです。

森永　日本に限らず、グローバル資本主義者の連中がやってきたことは無茶苦茶です。直ちに彼らからお金を没収し、中毒を治すための施設へ強制入居させるべきだと某番組内で発言したら、即座に降板させられましたよ(笑)。

「消費税による税収は社会保障に充てる」の大嘘

荻原　日本という国がやってきたことも、非常に罪深いと思います。バブル崩壊以降、国が繰り返してきたのはインチキの上にインチキを塗り重ねることだけです。たとえば、消費税の税収は社会保障に充てると政治家は国民に約束したはずですが、実際にはかなりの額が国の借金の穴埋めなどに用いられています。

２０１７年６月に内閣官房社会保障改革担当室が公表した資料によると、消費税を５％から10％に引き上げた場合の増税分のうち、２割は社会保障の「充実」、残る8割は社会保障の「安定」に充てると説明されています。「充実」とは、社会保障をより厚くすることですが、そのために用いるのがわずか2割にとどまっていることがまず問題でしょう。

しかも、「安定」という表現でごまかしていますが、それは後の世代へ負担をつけ回す分の軽減や、基礎年金の国庫負担分の調整のことです。国庫負担が重くなっているのは、昭和に年金を大盤振る舞いしたことが祟《たた》っているわけですが、先述したように借金の返済に充てているのに近いのです。

森永　経済政策にしても「小さくて、遅く、非効率」で、つねに後手に回っており、コロナ対策の失敗も典型例となっていますね。こうした経済政策の不手際が日本経済に「大転落」をもたらし、急激な「格差」の拡大を引き起こしているわけですが、その元凶こそ「官僚主義」と「東京中心主義」です。

マイナンバーカード保険証の義務化はとんでもないインチキ

荻原　アベノミクスも然りで、大風呂敷を広げていましたが、結局のところ、何もやっていなかったも同然でした。インチキにインチキを重ねてきた挙げ句、そろそろ破綻が表面化しつつあるわけです。

バブル崩壊以降の歩みは、戦後の日本が作り上げてきたものをひたすら壊してきただけのことでした。岸田政権がやっていることにしても、あまりにもひどすぎて驚いてしまいます。

たとえば、マイナンバーカード保険証を義務化すると言い出していますが、実はとんでもない話なのです。法律上、マイナンバーカードは任意で発行を希望するものであり、必ず全国民が取得しなければならないという義務はありません。

ところが、今後は紙の保険証を廃止してマイナンバーカードを正式な保険証とし、さらにそれを義務化するというのは、法律を完全に無視しています。とりあえず強行し、数の力で法律を後から変えればいいと高をくくっているとしか思えません。

大企業の「内部留保」は過去最大を更新中だが、怖くて手放せない

森永　ただ、日本経済は衰退し、そのお陰で個人や中小・零細企業が疲弊していき

■企業の内部留保（金融・保険を除く）の推移

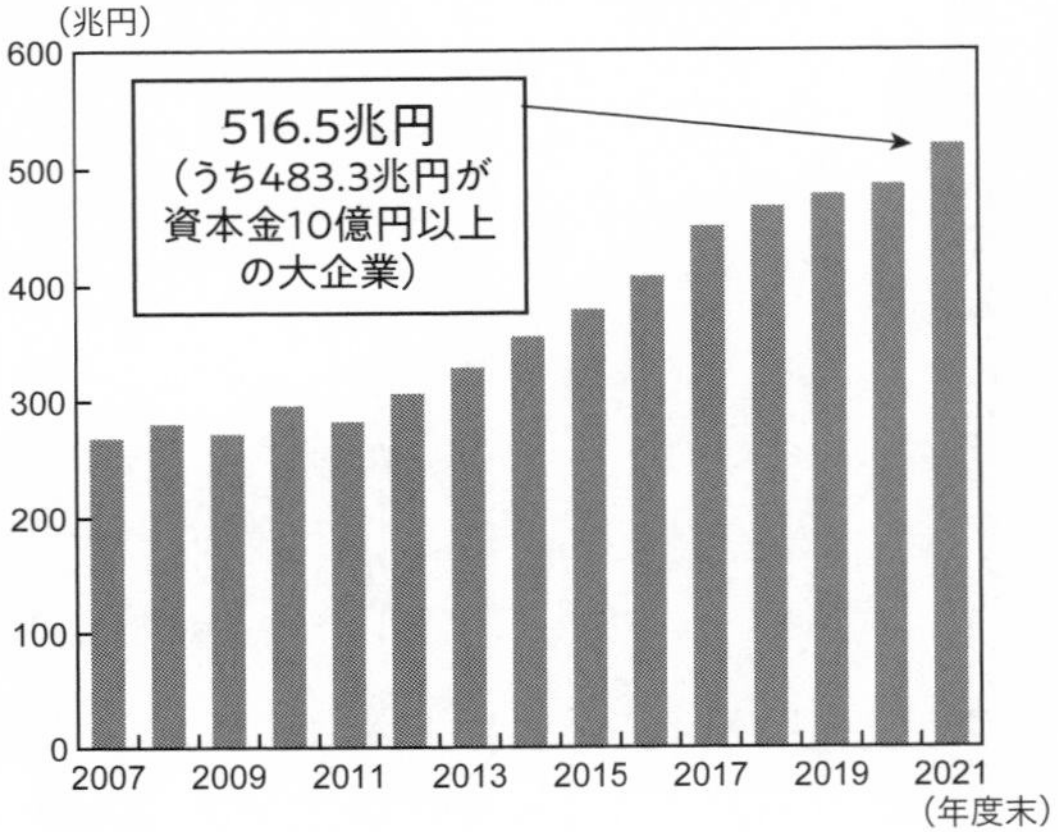

出所：財務省 法人企業統計調査

ましたが、法人企業統計を見てもわかるように、その流れの中でも大企業だけが膨れ上がっているわけですよね。

荻原　確かに、２０２１年度の法人企業統計では企業の「内部留保（利益剰余金）」が５１６兆４７５０億円に達し、10年連続で過去最大を更新していましたね。

森永　国税庁の統計によれば、２０２１年度決算における法人の申告所得総額は79兆４７９０億円に達し、過去最高だったそうです。そんなに稼いでいるのに、いったいそれをどうするつもりなのかと問い質《ただ》したいですね。

荻原　企業にしても、もはや日本という国のことを信じられなくなっているので、うかつに従業員の給料には還元できなくなっているのだと思います。バブル崩壊以降の日本経済凋落の中で自分の身は自分で守らなければならないと痛感し、内部留保をがっちりと抱きかかえたまま離そうとしないのだと思います。

そうそう、その話で思い出したのが、スウェーデン大使館を訪ねた際にうかがったことです。スウェーデンでは、シニアの2人に1人がヨットかクルーザーを所有しているのだそうです。年金にしても十分な額をちゃんともらっていて、老後は海に船を浮かべて気ままな暮らしを送っているとか。日本ではちょっと考えられないことですね。

本当の豊かさとは、1週間の休暇を自然の中で何もせず過ごすこと

森永　日本の庶民に、ヨットやクルーザーは無縁かもしれませんね。私は親の仕事の都合で小学4年生時代をオーストリア、小学5年生時代をスイスで過ごしたので

すが、現地の同級生たちの家では別荘を所有しているのが当たり前でした。日本の軽井沢にあるような大邸宅の別荘ではなく、山小屋に近いものではあるものの、自宅以外に別邸を持っているわけです。しかも、同級生たちの親は学校の授業がある平日に有給休暇を取得し、家族で別荘暮らしを楽しんでいました。

1週間ぐらい学校を休んでいた同級生に、「どうしたの？」と私が聞くと、「家族といっしょに自然の中で過ごしていたよ」という返事。「じゃあ、レジャーとかを楽しんだの？」とさらに質問すると、「いや、ずっといい空気を吸いながらボーッとして過ごしていたよ」と答えるのです。

そういった体験を楽しむことこそ、本当の豊かさなのだと思いますね。とかく日本人は、一所懸命働いて稼いだら1泊5万円の高級ホテルに泊まってフランス料理のコースを堪能するとか、ディズニーランドに行って大はしゃぎするとかいった方向に満足を求めがちでしょう。

しかし、自然の中で何もしないで過ごしているのが一番の癒やしになるし、心の豊かさにつながるものです。それを楽しむためには、たとえば植物の知識だとか、動物の知識だとか、天候の知識だとかいった教養も必要となってきます。

畑でニンジンやスイカを見ても、それが何かわからない子どもたち

森永　植物の知識で思い出したのですが、近所に引っ越してきた人たちの子どもが私の畑を覗《のぞ》きに来ることがありますす。それで、いろいろと話をするのですが、最近の子どもたちはびっくりするほど自然のことを知りません。「これは何？」と聞くから「ニンジンだよ」と教えてあげても、「それって何だっけ？」といった感じです。葉に隠れた状態だと、スイカさえもよくわかりません。

荻原　そうですよね、都会で暮らしてきた子どもたちは、畑や田んぼなんてほとんど見たことがないから。

森永　そうそう。だから、あまりにも知らなすぎる子どもたちを畑で働かせて、知識を身につけさせながら労働力を得ようとも思ったのですが、誘拐容疑で捕まったら大変ですから、うっかり他所《よそ》の子には手を出せません（笑）。

荻原　豊かな余暇の過ごし方と言えば、私が子どもとフランスを旅した際のエピ

ソードを思い出しますね。現地の農家に民泊する企画が組み込まれていたものの、慌ただしいスケジュールでわずか1泊でした。

私たちを受け入れてくれた農家には、欧州人の別の家族がすでに宿泊していました。そして、彼らは私たちが1泊しかしないことに驚き、「どうしてそんなに早く引き上げてしまうのか?」と聞かれました。

彼らは飼い犬まで引き連れ、1カ月も農家の離れに滞在していたのです。その家族のお父さんは山のように本を持参していて、ひたすら読みふけっていました。

オリーブ畑しかないような田舎で1カ月も過ごして退屈しないのかと当時は思ったのですが、農家のママが焼いてくれたパンも本当に美味《おい》しかったし、あれが本当の豊かさなのだとしみじみ感じています。日本人とは、余暇に対する感覚が明らかに異なっていますね。

自分の身は自分で守り、手元に現金を持つのが最強

森永　じゃあ、そういった混沌とした中で、荻原さんはどうやって生きていこうと

思っていますか？

荻原　私の場合はつねに徹底していて、自分の身は自分で守ることに尽きると考えています。他人が言うことは鵜呑《うの》みにせず、自分が思った通りに行動するしかありません。

たとえば、私はバブルが崩壊した頃から、投資なんて絶対に手を出すべきものではないと訴え続けてきました。「キャッシー荻原」と呼ばれるほど、現金主義を貫いてきたのです。

でも、それは理にかなったことでした。30年間にわたってデフレが続いてきたから、現金を持っているのが最強だったのです。

明日がどうなるのかなど、誰にもわからないのに投資になんて手を出せませんよ。だって、森永さんも暴落説を唱えていますよね？

森永　私が唱えているのは、「日経平均3000円・ニューヨークダウ3000ドル説」です。1929年に世界恐慌が発生した際、米国の株価が同年10月24日から2年10カ月間にわたって下げ止まらず、ちょうど10分の1になったことをその根拠としています。

荻原　ただ、当時と今では経済状況が大きく異なっています。日本経済も脆弱《ぜいじゃく》だったから、世界恐慌に巻き込まれていったわけですよね。森永さんはいつ頃から暴落が始まると予想しているのですか？

森永　すでに坂道を転がり始めていると思っていますが、本格的な日経平均の暴落は2023年の4月頃からでしょうね。

荻原　私としては、そのような状況に向かうようなファンダメンタルズ（経済の基礎的条件）ではないと考えていますけど。とはいえ、今の日本は落ちぶれていく老舗《しにせ》みたいな状況にあるとは思いますね。

昔の看板に頼りきりで、新しいものを生み出すことができず、凋落していくしか道はないという感じです。星野リゾートのように新しい取り組みに積極的なところは時代に適合できますが、多くの大企業のみならず、政権も然りで、昔のルールに固執して新しいものを全部潰していく。

日本が最低の国になっていくのは、仕方のないことでしょうね。だからこそ、私たちの希望は次代を担う若い人たちで、しっかりとこの国を支えてもらうためにも、彼らの邪魔をしてはいけないと思います。

若い世代の間で、地方への移住を考える人が急増中

森永　若い世代の中で、すでにわかっている人たちは行動に移しています。有楽町にある地方への移住に関する相談窓口「ふるさと回帰支援センター」を訪れる若者の数が爆発的に増えているのです。

おかしくなっているのは大都市だけで、地方の特に農村部は暮らしやすいところです。若い人ほど、そんな都会を捨てて田舎へ逃れようとしているわけです。私自身は、グローバル資本主義のバブルが崩壊するとともに、首都直下地震と荒川決壊が東京を壊滅させて、そこから日本は再スタートすると思っています。

荻原　高度成長期という右肩上がりのエスカレータにたまたま乗り合わせていたことで、給与が増えて出世も叶《かな》い、マイホームやマイカーも手に入れられたのが団塊世代です。彼らは自分たちの成功体験をもとに、自分たちの子ども（団塊ジュニア

世代）に対して、努力が足りないからローンも返せていないし、出世もできないのだと説教します。

しかし、50代に差し掛かっている団塊ジュニア世代は親世代と正反対で、右肩下がりのエスカレータに乗っているのです。どれだけ努力しても階上には上れないことに苦しみ、親世代との大きなギャップによってとても傷ついています。

では、彼らの子どもの世代である20～30代は親世代のそのような状況を目の当たりにして、いったいどうしているのか？　彼らは、エスカレータそのものから飛び降りているのです。

森永　下りのエスカレータで苦労してきた親の背中を見てきたから、同じ轍《てつ》は踏まないということですね。

荻原　団塊世代の半生を別の表現で説明すると、運よく天候に恵まれた中での登山でしょう。順調に山道を進んで山頂に到着したら美しい日の出を拝むことができ、「へこたれることなく懸命に登ってきたからだ」と自己肯定しています。

団塊ジュニア世代も親たちと同じく山頂を目指したのですが、途中でグローバル化の嵐が吹き荒れ、視界不良でなかなか辿り着けなくなってしまいました。そして、大きな挫折感を胸に、やむなく下山しようとしているのです。

さらに、団塊ジュニアの子どもたちである今の20～30代には、天候が不順な山を目指すようなことがありえません。彼らが選ぶのはハイキングで、その辺を楽しく歩いているのが健全で無理をしない行動だと考えています。

しかも、彼らはインターネットネイティブで、世界中と気軽につながって世の中を変えていく力を秘めています。組織は階層が少ないほど機能的に動くとドラッカーは言っていますが、インターネットの社会はフラットです。

今の20～30代が新しい発想で何かを切り開いてくれそうだし、それがなければこの国の未来はないと思います。ただ、この国の政治は、若い人たちの芽を潰すのが上手《うま》いのが気掛かりです。

トカイナカなら、東京都心の100分の1の値段で土地を購入できる

森永　インターネットと言えば、コロナ禍で劇的に変わったのが通信環境で、もの

すごい進歩を遂げましたね。今、私も仕事の8割がネット経由です。ネットで仕事しながらトカイナカで暮らしていれば、エネルギー価格や食品価格の高騰にも巻き込まれないいし、畑いじりは運動にもなります。

ジャーナリストの神山典士《こうやまのりお》さんがキャンプ地として人気の高い埼玉県ときがわ町で古民家を購入し、シェアハウスを始めました。そして、遊びにおいでと誘われたので訪ねてみたのですが、時間的には都心から電車で1時間半程度、ドア・ツー・ドアでも2時間程度の距離でした。

それなのに、東京都心における住宅地の相場が1坪500万円前後であるのに対し、ときがわ町では約5万円で、わずか100分の1なのです。100坪の土地を買っても、東京都心1坪分の予算ですんでしまいます。

ときがわ町のようなトカイナカでも、不自由なくリモートで仕事をこなせる環境になったことは画期的な変化です。100坪もあれば、家と畑に倉庫まで建てて、十分に自給自足の暮らしが成り立ちます。

現在、私が耕している畑は埼玉の所沢にありますが、同市や川越市、狭山市、ふじみ野市、三芳町にまたがる一帯は「三富地域《さんとめ》」と呼ばれ、江戸時代の元禄期に畑作地として開拓されました（江戸時代の開拓地は三芳町上富、所沢市中富・下富）。江戸時代に割り当てられた1つの区画は約5ヘクタール（約1万5000坪）の細長い短冊型で、そのうちの2割は森林のまま残して5割を農地とし、残る3割に家や納屋を建てる方式でした。

こうした造成になっていることで、完全な循環農法が可能となっているのです。森林の地面に積もった落ち葉は畑の堆肥となりますし、木々は農作物を強風から守ってくれます。

荻原　「三富地域」では江戸の世から、開拓民たちが循環農法による自給自足を実践してきたわけですね。さらに現代の世のテクノロジーが加わるわけですから、まったく不自由を感じない生活が可能だと言えるでしょう。

もはや、東京に居続ける必要はなくなってきているということは、私もすごく実感しています。こうして実際に人と会って対談するのも久しぶりですよ。

たとえば、3年前からある雑誌に連載記事を寄稿していますが、担当の編集者とは一度も直接会ったことがありません。インターネットによって地方と都会との差がすごく縮まってきましたし、今後はさらに変わらなくなってくるでしょうね。

地方へ移り住んで「晴耕雨読」の暮らしを実践する人たちも

森永　以前、講演の依頼を受けて富山県の舟橋村まで赴いたのですが、1500人だった人口が30年間で倍増したとか。村が耕作地を切り分けて移住者に貸し付け、農家が懇切丁寧に農作業について指導するという施策が奏効しているようです。

また、村は巨大な図書館も建てて、一人当たりの貸出し冊数は日本一を誇っています。住民と会話を交わしてみると非常に博学で、驚いていたら「だって、俺たちは本を読んでいるからね」と返されました。

好天の日は畑仕事に励み、雨天の日は静かに本を読んで暮らすという文字通りの「晴耕雨読」を実践しているようです。誰もが幸せそうな笑顔を浮かべていました。

これまで農林水産省が推進してきたのは、農地の大規模化（集約）と機械化による生産性の向上（国際競争力の強化）でした。自分自身で農業に携わってみて実感しましたが、仕事の楽しさと生産性とは反比例します。生産性が低い仕事ほど、実は楽しいのです。

生産性を高めることはもうやめて、楽しさを追求しよう！

荻原　大規模化と機械化とは、まさしく米国流の農業ですね。

森永　私が運営する博物館にしても、ようやく最近になって収支がトントンに近づいてきましたが、現状の10倍ぐらいの集客がなければ大儲けは期待できません。来場者の増加に期待するよりも展示物の貸し出しのほうが収益性は高いのですが、それだけでは面白くありません。

展示しているミニカーの図鑑を製作中ですが、こちらも売上で稼ぐつもりはなく、ほとんどタダ働きの状況です。だけど、取り組んでいて楽しいですし、歌手もやっていますが、こちらもまったく商売にはならないからこそ、メチャクチャ楽しい。

荻原　えーっ！　森永さんは歌手までやっているの？

森永　ＣＤは発表していませんが、大きなホールや劇場、芝の増上寺などで歌を披露していますよ。いっしょにラジオ番組を担当しているニッポン放送の垣花正アナウンサーとコンビを組み、少年隊ならぬ中年隊を名乗って『仮面舞踏会』を熱唱するのが一番の出し物で、初めて披露した際には紅白出場歌手の山内恵介さんも飛び入り参加して盛り上がりました。

歌手も楽しいし、短歌を詠《よ》むのも楽しいですよ。だからNHKのEテレで短歌の番組に出演した際に、「僕、短歌でご飯を食べていきたいと思っています」と言ったら、司会者の女流歌人さんからピシャリとこう言われました。

「森永さん、今の世に短歌でご飯が食べられている人は、俵万智さん一人だけです」

そこで、「僕が二人目になります」と宣言したのですが、1円も稼げていないのが現実。でも、楽しければそれでよしで、生産性を上げることに躍起になるのはもうやめるべきです。

東京の都心には、3畳1間で家賃7万8000円のアパートも!

荻原　先ほど、富山県舟橋村の「晴耕雨読」暮らしのお話が出ましたが、地方で若い人たちが生き生きと暮らしている姿は、私も垣間見たことがあります。人口5000人程度で川のほとりにある徳島の神山町を訪れたら、村が整備したIT企業向けのサテライトオフィスがたくさん建っていて、若い人たちが快適な生活を送っていました。

藁葺《わらぶ》きの庭付き古民家を月々3万円で借りられて、家族でそこに住みながらサテライトオフィスで働く傍ら、畑仕事をしたり、近くの川で釣りを楽しんだり、実に充実したオンとオフの時間を過ごしていたのです。海外から赴いてきている技術者も多く、外国人比率もかなり高くなっているそうです。

給料は本社と同じ水準ですから、お金も貯まりやすいはず。もはや、東京にとどまり続ける必要なんてないかもしれないと、ものすごく感じましたね。

森永　東京はあまりにも異常ですよ。2020年頃、四谷に建つ新築アパートの募集を見かけたら、家賃7万8000円と書かれていたので、相場的にも妥当な金額だと思ったのですが、よく見たら3畳一間の間取りだったのです。

明らかに、頭がおかしくなりそうな条件。ただでさえ低賃金なのに、こんな物件を借りているから、家賃で全部を取られて極貧生活を送らざるをえないわけです。

いつまでも元気でピンピンコロリが一番

荻原　島根県には、村長が旗を振って全村民のピンピンコロリを目指している村がありますす。その地を訪ねてみたら、土手のところで、90歳のおじいちゃんと85歳のおばあちゃんが大ゲンカをしていました。

詳細はよくわからないのですが、どうやら川のことで言い争いになった様子です。事情はさることながら、とにかく二人ともびっくりするほどの大声でした。

やはり、お日様の下で農業に従事してきた人は非常に元気ですね。その村の村長は60代で、「自分は一番下っ端です」と謙遜していました。

最期の瞬間まで元気で生きていけることって、それが叶えば一番の幸せですね。暮らしにくい東京で、瓶詰め工場でずっと単調な仕事を続けなければ生きていけないような生活からは解放されるべきです。

森永　元気と言えば、隣の畑のおじさんは80歳なのですが、とにかく力持ちです。

通常、山芋を栽培する際には雨どいのようなものを用いて、それに沿って横たわらせるように誘導し、地中深くまで伸びていかないようにします。

ところが、そのおじさんはまったく細工をせずに真っ直ぐ植えてしまうのです。先日、わが家に1本分けてくれるというので収穫しようとしたのですが、1メートルも掘り起こさなければなりません。

もはや、完全な土木工事でした。ところが、そのおじさんは平気なのです。

東京都心の介護施設は入居一時金が1億円という異常

荻原　介護の問題にしても、つくづく東京は変な街だと思いますね。東京と違って地方の介護施設は相対的に低料金で、充実した内容のところがたくさんあります。

たとえば、私は鹿児島県南さつま市にある「アルテンハイム加世田《かせだ》」を何度か見学したことがあるのですが、ここは美術館まで併設した介護施設です。しかも、若いスタッフが生き生きと働いているのが印象的でした。

月給15万円という条件で求人すると、たくさんの応募があるそうです。東京で生活するには十分ではないかもしれませんが、地方ならこの条件でも特に不自由しないのです。

東京の介護施設のように常態的な人手不足に陥っていませんから、手厚いサービスも受けられます。併設している美術館には、有名な画家の作品も飾られています。美術館だけでなく、寝たきり状態になっている入居者の部屋にも絵が掛けられています。しかも、その絵は1カ月ごとに別のものに取り換えられます。寝たきり状態で同じ空間でずっと過ごしているものの、絵を見ることでいろいろなことを想像し、心の平穏にも結びつくからです。そういった感覚は、東京の介護施設にはないでしょうね。

森永　確かに、東京の介護施設は異常ですよ。私の父は十数年前に亡くなったのですが、1年数カ月間にわたって自宅で介護したのちに要介護4まで状態が悪化し、もはや素人では対応するのが困難となりました。

父は実家が新宿区にあったこともあってか、都心の介護施設へ入ることを希望し、私は妻と見学に赴きました。きれいな施設で床にはフカフカの絨毯が敷いてあり、料金について尋ねると「月々40万円」と言われました。

当時の私は結構な稼ぎを得ていたので、ギリギリ工面できるかなと思ったのですが、「入居一時金はいくらですか?」と聞いたら「1億円です」と返答されて絶句しました。さらに、「たとえば、父が本日入居して明日亡くなった場合、その1億円はどうなりますか?」と質問すると、あっさりとこう言われました。

「お返ししますよ。ただし、30%の手数料を差し引かせていただきます」

珍しく私はブチ切れちゃって、その施設はやめました。そして、埼玉の介護施設を選んだのですが、入居一時金ゼロで月30万円でした。東京に固執している人たちは自分自身の老後(介護)について、ちゃんと考えているのでしょうか?

荻原　東京には無茶苦茶なレベルの富裕層がいるから、1億円の入居金でもポンと出してしまうのかもしれませんね。

森永　その通り。現に、その1億円の介護施設はほぼ満室だったのです。

コミュニケーションの乏しい都会のマンションが直面する大問題

森永　東京はきらびやかで娯楽も豊富ですし、美味しいレストランもたくさんあります。しかし、お金がないと楽しめないものばかりで、「お金持ちだけでどうぞ楽しんでください」と突き放されているような感じですね。

荻原　その通りですよね。しかも、お金を出していろいろなことを楽しむことで、何かが生み出されているのかと言えば、まったくそのようなこともない。さらに、東京では悲しいことにコミュニケーションがどんどん失われています。

地方なら手を差し伸べ合うというようなことが残っていますが、もはや東京は『クリスマス・キャロル』という小説に出てくるエベネーザ・スクルージのような人たちがはびこっちゃう街になりつつありますね。ちなみに、スクルージはその小説の主人公で、自己中心的で無慈悲な拝金主義者です。

森永　東京のコミュニケーションと言えば、私が事務所にしている八丁堀のマンションはもう15年間も住んでいるのですが、つい最近まで他の住人の名前を誰一人として知りませんでした。一軒も表札を出していませんし……。

荻原　同じマンションなのに、どうして交流を持たなかったのですか？

森永　挨拶は交わしていますが、互いに名前も知らないから、立ち止まって会話するようなパターンにはなりません。ただ、隣の住人の名前は判明しましたよ。

東京の四谷三丁目に吉田拓郎マニアが集う「伽草子《おとぎぞうし》」というスナックがあるのですが、その店でマスターと話していたら、隣の住人も常連客だったことが明らかになったのです。でも、それで初めて名前を知ったわけですから、少なくともそのマンションにコミュニティなんて存在していないのは明白ですね。

荻原　だけど、マンションのような集合住宅こそ、ちゃんとコミュニティを形成しておかなければ、今後のことがとても不安ですよ。マンションが続々と老朽化していく時代を迎えつつあるからです。

現時点で築30年のマンションは全国に約200万戸も存在しており、10年後にはそれらがいっせいに建て替えのタイミングを迎えます。現実的に建て替えもかなり難しく、老朽化していくマンションで老人たちが途方に暮れながら生きているという恐ろしい光景が待ち受けているのです。

きちんとコミュニティを形成して住民たちの合意形成のもとに修繕計画などを進めていけば、この問題を乗り越えていくことは可能でしょう。しかし、そういったことを疎《おろそ》かにしていると、大きな苦難と直面することになります。

首都直下地震の発生で老朽化マンションは崩壊する?

森永　少なくとも東京のマンションは、その多くがこの先維持していくのは無理だと言っても過言ではないでしょうね。

荻原　東京だけに限らず、全国的にもマンションの建て替えは困難を極めます。特に民間が建設したマンションは上限まで目一杯の建ぺい率と容積率で設計されているケースが多く、国の規制が見直されない限り、建て替え資金のすべてを住民が負担することになるからです。

個々のマンションにとどまらず、多摩や高島平などで造成されたニュータウンが老人の街と化しているように、戦後に進められてきた国の住宅政策は大問題と直面しています。こうしたことにどう取り組むつもりなのかと国土交通省に問い質したところ、「それはちょっとわかりません」という残念な返事が戻ってきました。
　要するに、深く考えずに作るだけ作ってしまい、もはや打つべき手が見つからなくなっているのです。田舎の畑のど真ん中に建設して誰も利用していない体育館も然りで、日本の行政は計画性のないハコモノを安直に作ってばかりです。

森永　でも、私の予想では数年以内に首都直下地震が発生するので、老朽化したマンションの多くは耐えられないでしょうね。

荻原　いきなり物騒なことを言わないでくださいよ（笑）。

森永　でも、極めて近い将来に、私は必ず発生すると確信しています。

荻原　もちろん、首都直下地震については、きちんと備えておくべきだと私も思います。ただ、おそらく行政側の備えは、その点に関しても不十分でしょうね。

森永　東京に供給されている食品の多くは、首都圏中央連絡自動車道（圏央道）周辺で作られています。阪神大震災や東日本大震災に見舞われた際にも道路が寸断されましたし、首都直下地震が現実となれば、一瞬にして都内に住む人たちは飢えてしまうはずです。

荻原　それに、帰宅困難者であふれかえるでしょうね。しかも、普通の大都市なら人命救助に当たる消防隊員などが中心部に住んでいますが、東京では都心の家賃や物価が高いので、郊外に住んでいるケースも多くなっています。

つまり、災害が発生しても隊員たちがすぐには駆けつけられないおそれもあるわけです。都心の一等地に住んでいるのは財務省などの官僚ばかりで、彼らは災害時にほとんど何の役にも立ちません。そういった意味でも、日本は有事に対して非常に脆《もろ》くて弱い国になってしまいましたね。

最大の政策ミスは、地盤が脆弱なエリアに大都市を造ったこと

森永 結局、日本における最大の政策ミスは、東京、大阪、名古屋という、地盤が極めて脆弱なエリアに大都市を造ってしまったことです。

荻原 しかも、一極集中ですからね。

森永 妻と首都直下地震のことについて話していて、「食料に関して、わが家の場合は畑に芋がたくさんあるから心配ないよね」と言ったら、こう突っ込まれました。「災害が発生したら、絶対に他の人が先に掘り出しちゃうわよ」

荻原 それに、芋を煮るためのガスや電気の供給が止まることも考えられますし、水道水が出なくなるかもしれませんよ。

森永 でも、太陽光発電があるし、隣の農家には井戸がありますから。

荻原 だとしたら、インフラ面は大丈夫ですね。

森永 そうそう。先日、誰かが自分の畑で焚《た》き火したら煙を見た人に通報され、消防車が駆けつけて大騒ぎになりました。

荻原 昔と違って大問題になるから、うかつに落葉を焚けませんね。

森永　ええ。でも、災害が起きたら焚き火はやりたい放題です。

京都で発見した老朽化マンション建て替え問題解決のヒント

荻原　ただ、私が京都で発見したマンションの事例は、先に述べた建て替え問題の解決策に結びつくヒントとなるかもしれません。京都市内でも人気のないエリアに建っているのですが、資産価値が年々上昇しているのです。

その背景には、管理組合の英断がありました。その管理組合はマンション周辺の土地を借りて駐車場として貸し出すビジネスも手掛けているのです。

そして、その収益で周辺の土地を取得し、マンションの敷地をどんどん広げています。敷地が増えれば建ぺい率や容積率の上限も上がるので、建て替えでも苦労しません。

しかも、その管理組合はさらに卓越した戦略を練り上げていました。拡張した現マンションの敷地と、旧住宅・都市整備公団（現在は都市再生機構へ移管）の所有地との等価交換をする交渉を進めていたのです。

管理組合が交換を希望しているのは、公団が所有物件の建て替えのために更地化した土地です。通常、マンションを建て替える際にはいったんどこかへ引っ越し、新しいマンションが竣工するまで待たなければなりません。

森永　なるほど。等価交換する更地に建てたマンションに移住するなら、仮屋住まいはしなくてすむわけですね。ただ、京都は他の大都市と比べてマンションの数が極端に少なくて、資産価値が相対的に低下しにくいという特性もありますし、意識の高い住民が多いのかもしれません。そう考えると、なかなか東京で同じようなことを進めるのは難しそうです。

荻原　もちろん、東京ではけっして容易ではないでしょうが、ヒントの一つになると思いますね。

第2章　森永卓郎が憂える日本の未来

2023年中に、インフレから強烈なデフレへと反転する

私の予想では、おそらく、2023年中にインフレ（物価の上昇）は収束することでしょう。物価高が止まるどころか、むしろとんでもないデフレ（物価の下落）に見舞われると考えています。

米国の中央銀行に相当するFRB（連邦準備理事会）は2022年3月以降、物価の上昇を抑制するために、すさまじいペースで金利を引き上げてきました。一方、コロナ禍で実施した異次元レベルの金融緩和は株式市場においてバブルを発生させることとなりました。

足元で実施されてきた金融政策の急激な転換は、バブルを弾《はじ》けさせる引き金となることでしょう。経済の歴史を振り返ってみても、ひとたび発生したバブルが崩壊しなかった試しはありません。

弾けるタイミングを予測するのは極めて困難ですが、バブルが必ず崩壊することは間違いありません。コロナ禍で目覚ましい上昇を遂げてきた米国の株価がバブルと化しているのは、いわゆる「バフェット指数」を見ても明白でしょう。

■米国株のバフェット指数の推移

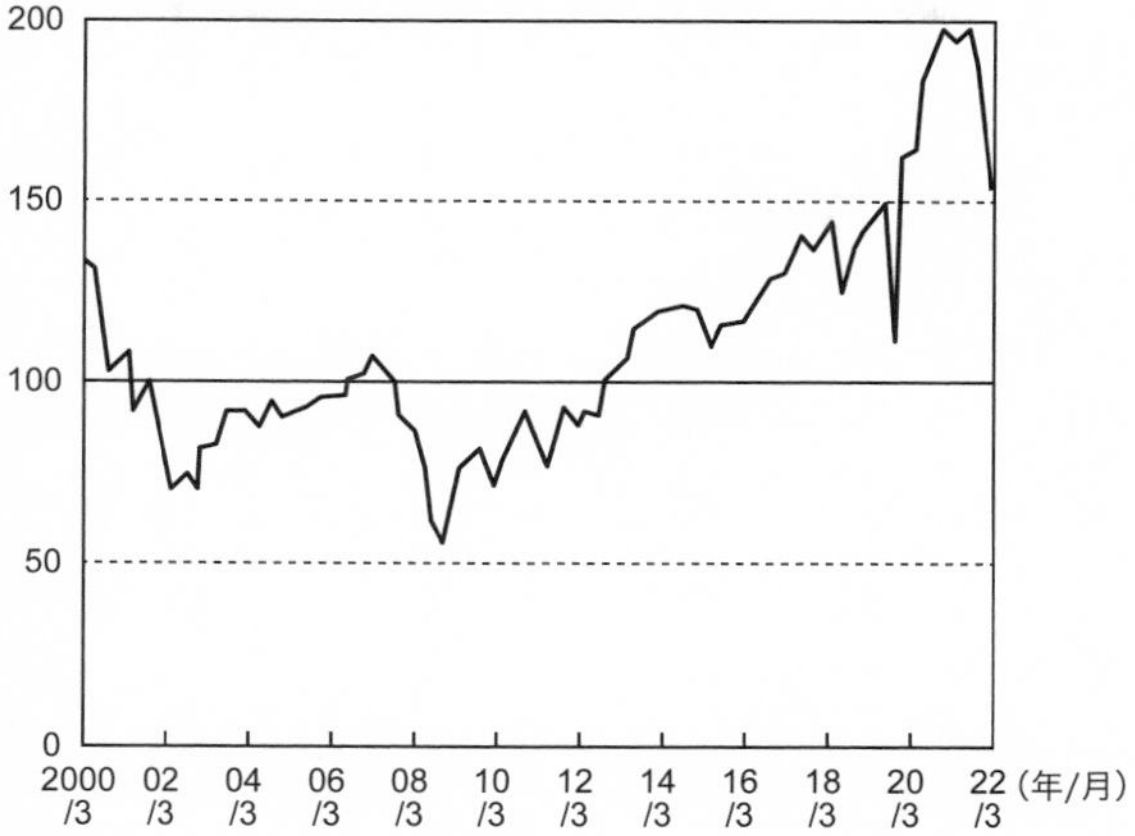

出所：株式マーケットデータを参考に編集部で作成

「バフェット指数」とは、株式市場の過熱感を計測できる指標です。米国の著名な投資家であるウォーレン・バフェット氏がこの指標を重視していることから、こうした異名で呼ばれています。

株式市場の時価総額をＧＤＰ（国内総生産）で割って算出した数値で、実体経済（ＧＤＰ）に対して株価（時価総額）が何倍になっているのかを示しています。２０２０年以降、米国株のバフェット指数は驚異的な上昇を続けてきました。

ノーベル賞受賞者が考案の指数も米国株のバブルを示唆

また、ノーベル経済学賞を贈られたロバート・シラー教授が考案した「シラーPER」という指数からもかなりの割高感がうかがえます。これは株価の割高・割安を測る指標で、株価をEPS（1株当たりの純利益）で割って算出する一般的なPER（株価収益率）とは計算式が異なっています。「シラーPER」は「CAPEレシオ」とも呼ばれます。

具体的には、過去10年間におけるEPSの平均値をインフレ率で調整した実質純利益で株価を割って算出しています。「シラーPER」は、一般的なPERよりも割高感を鮮明に表すのが特徴です。

この「シラーPER」も2020年以降、過去の上限値を大幅に超える上昇を記録してきました。FRBの金融政策が転換する直前から下降に転じているものの、それでも25倍を超える水準にあります。

「シラーPER」が25倍に達しているということは、米国企業の25年間分の利益を凌《しの》ぐ株価がついているという現実を示しています。つまり、米国の株価はバブルだ

■米国株の「シラーPER」推移

出所：株式マーケットデータを参考に編集部で作成

と判定しているわけです。

果たして、米国株のバブルはいつ弾けるのでしょうか？　過去を振り返ってみると、２０００年のＩＴバブル崩壊は79カ月目で、米国の不動産バブル崩壊を決定づけた２００８年９月のリーマン・ショックは52カ月目でした。

今回のバブルは２０２２年の年初の段階において、すでに91カ月間に及んでいました。まだ市場関係者は深刻視していませんが、私はＦＲＢが大幅利上げを進めてきた頃からバブルが弾け始めてきたと思っています。

バブルが崩壊する際の相場は、非常に悩ましい推移を示します。いったん下がり始めてから急激に戻し、再び下げに転じるものの、その後に反発するというアップダウンを繰り返し、気がつけばズルズルと下値を割り込んでいくのです。

足元の状況は、1929年の世界恐慌直前と非常によく似ている

世界恐慌に陥った1920年代の米国株がその典型例だと言えるでしょう。当時の米国では、自動車と家電がバブルと化していました。

トーマス・エジソンをルーツとする世界最大の家電メーカーであるゼネラル・エレクトリックをはじめ、冷蔵庫のウエスティングハウス・エレクトリックやテレビのゼニスエレクトロニクス（現在は韓国のLGエレクトロニクス傘下）など、米国の家電産業が圧倒的な競争力を誇って世界最強だったのです。

自動車にしても、のちにビッグ3と呼ばれるようになったフォード、ゼネラルモーターズ、クライスラーが世界を席巻しています。当時はごく一般的な家庭にも自動

車が普及し始めた時代で、便利な生活を求めて冷蔵庫や掃除機を買い、ラジオを聞くことが娯楽の一つとなっていました。

当時の米国では好況が続いて人々の所得も増え、生活も豊かで便利になっていったことから、「新時代（the New Era）」と呼ばれて絶賛されていました。米国の繁栄は永遠に続くと過信し、こうした熱狂の中で、家電メーカーや自動メーカーの株価が実力をはるかに超えた水準まで高騰していったわけです。

しかし、１９２９年10月24日の朝方、ゼネラルモーターズ株に大量の売り注文が入ったのをきっかけとして、株式市場全体の暴落が始まりました。いわゆる「暗黒の木曜日」で、翌週の10月28日（月曜日）と10月29日（火曜日）にも壊滅的な下落が連鎖し、世界中を巻き込んだ経済危機を招くことになります。

結局、株価は2年10カ月間も下げ止まらず、ようやく底打ちしたのが１９３２年7月でした。その間に米国株が10分の１の水準まで値を下げることで、あまりにも膨張していたバブルが清算されたわけです。

GAFAの繁栄が永遠に続くわけではないことはすでに露呈した

指標によって数値に違いはあるものの、現状の米国株も1920年代と同様、実力とかけ離れた水準に達していることは間違いありません。わかりやすい例を挙げれば、GAFA（グーグル、アップル、フェイスブック＝メタ、アマゾン）の世界的な繁栄は永遠のものだと多くの投資家が信じていることから、いずれの株価もとてつもない域に達しています。

ところが、2022年7～9月期の四半期決算を見ると、アップルがわずかに増益を確保したものの、他の3社はいずれも減益でした。無限に成長し続ける会社など、世の中には存在しえないのです。

にもかかわらず、株価の水準調整はまだ十分に進んでいません。さすがに利上げが進んでいけば、そのような状況を保つことは難しくなっていくはずです。

2023年の半ばには、米国株の大暴落が発生する

2022年11月、米国の長期金利（10年もの米国債利回り）が4％台まで上昇し

ていた頃に、米国出身のIT企業役員でお笑いタレントの厚切りジェイソンさんが私のラジオ番組に出演してくれたことがありました。著書『ジェイソン流お金の増やし方』（ぴあ）が大ベストセラーになっていて、彼はその中で自分自身が実践している資産運用法を推奨しています。

それは、「バンガード・トータル・ストック・マーケットETF」という名称の「指数連動型上場投資信託」への投資です。米国株式市場における時価総額の99・5％以上をカバーしている株価指数に連動しており、過去20年間を振り返ると利回りが年利6・4％を下回ったことがないそうです。

この利回りなら、12年程度で最初に投じた元手が2倍に増えることになります。だから、目先の相場動向に一喜一憂せず、何も考えずに米国株へ資金を投じるべきだというのがジェイソンさんの持論なのです。

しかし、FRBの連続利上げに伴って長期金利は上昇し、先述したように2022年11月の時点で4％台に達していました。元本保証の10年もの米国債を買えば、着実にこの利回りを享受できるのも事実です。

■米国国債（10年）の利回りの推移

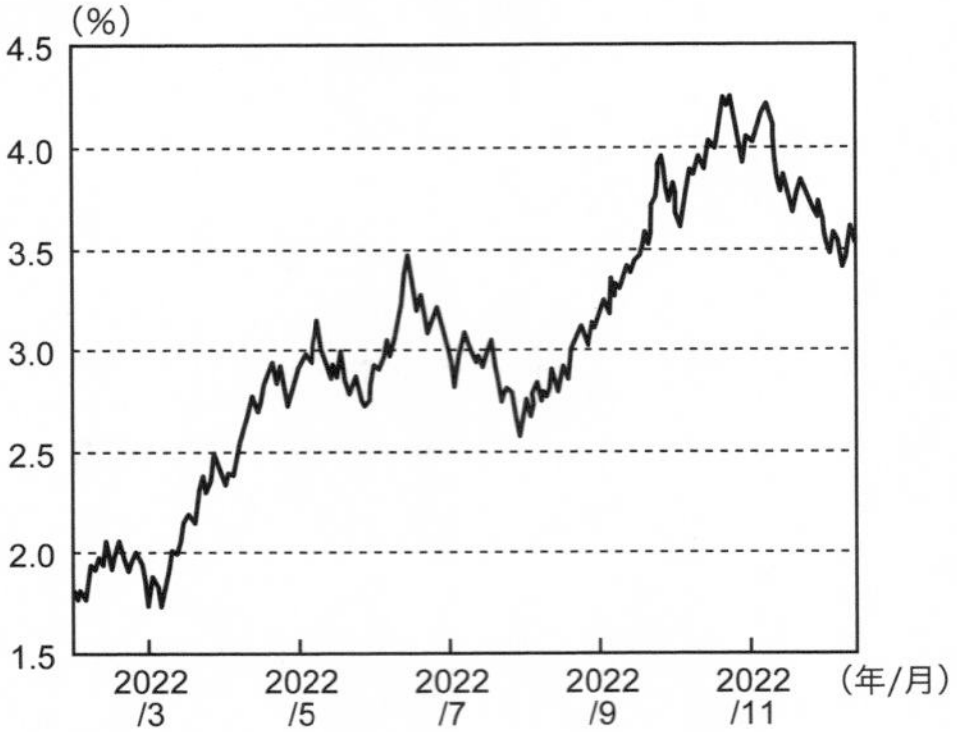

出所：SBI証券を参考に編集部で作成

そこで、私はジェイソンさんにこんな質問をしました。

「今後も利上げが続いて長期金利も連動した場合、何％まで上昇したらジェイソンさんは株式投資一択という方針を見直し、米国債への投資を検討し始めますか？」

すると、彼は「実際に投資するか否かは別として……」と前置きしつつも、「6・4％まで達したら、考えはする」と回答したのです。私は、ジェイソンさんが米国株の最後の買い手になると考えているので、実際に多くの投資家が株を売って国債を買う状況になるのは、6・4％よりも低い金利だと思っています。

今後もＦＲＢによる利上げが続けば、おそらく２０２３年の半ば頃には長期金利が６％近くになることでしょう。そうなれば、米国株の下落はいよいよ本格化するはずです。

誰もが株式市場から逃げていきますから、オーバーシュート（過剰反応）した水準まで一気に下落することでしょう。売りが売りを呼ぶ状況が続き、地獄の底まで落ちていくのです。

なお、２０２２年11月に４％台まで達していた米国の長期金利は、その後に低下傾向を示しました。ＦＲＢのパウエル議長が「早ければ同年12月にも利上げのピッチを減速させる」といった趣旨の発言をしたことを踏まえての現象かと思われます。しかしながら、利上げを打ち止めにすると公言したわけではありません。その後も利上げが続けば、当然ながら長期金利には上昇圧力がかかります。

さらに日米の金利差が拡大しても円安にはならない

米国が利上げを続けたことで日米の金利差が拡大し、それに伴って外国為替相場ではドル高・円安が進行しました。得られる金利収入がゼロ同然の円を売り、金利が高くなっているドルを買う動きが活発化したからです。

一時は1ドル＝150円を超える水準まで達し、やがて米国のインフレ率が鈍化すると、「そろそろ利上げのピッチが鈍る」との思惑から130円台まで戻しました。ただ、ペースダウンしたとしても日米の金利差がさらに拡大する方向にあるため、再び円安が進むとの見方も少なくありません。

私の見方はまったく異なっており、むしろ為替相場は円高方向に動くと考えています。すでに2022年11月の時点で、円安局面は終わりを告げているのです。

2カ国間の金利差をはじめ、貿易収支や国の競争力など、為替レートの決定には様々な要因が関わっていると言われています。私がシンクタンク時代に様々な角度から分析を行ってみたところ、最も説明力が高かったのは2カ国間における資金供給量の比で為替を説明するモデルでした。

要するに、巷《ちまた》に円のほうがたくさん出回っていると円安になり、ドルのほうがたくさん出回っているとドル安になるという関係にあるのです。こうした資金供給量の違いをもとに試算すると、1ドル＝130円程度が現在の理論価格となります。

長期的には、100円割れの円高に達してもおかしくない

もっとも、あくまでその水準は短期的に収斂《しゅうれん》すべき水準にすぎません。10年、20年といった長期のスパンでは、「購買力平価（PPP：Purchasing Power Parity）」に近づいていくものです。

貿易障壁のないことを前提とすれば、国が異なっても同じ製品の価格は同一であるとの「一物一価の法則」が成立します。この法則に基づいて決まる2カ国間の為替レートが購買力平価です。

言い換えれば、円建て資金の購買力が米国でも同等の水準となるバランスにおいて、ドル・円レートが決定するということです。次ページのグラフはドル・円相場の実勢相場と、消費者物価、企業物価、輸出物価におけるドル・円購買力平価の推移を比較したものです。

3つの購買力平価はいずれも、実勢相場と比べてはるかに円高の水準にあること

■ドル・円購買力平価の推移

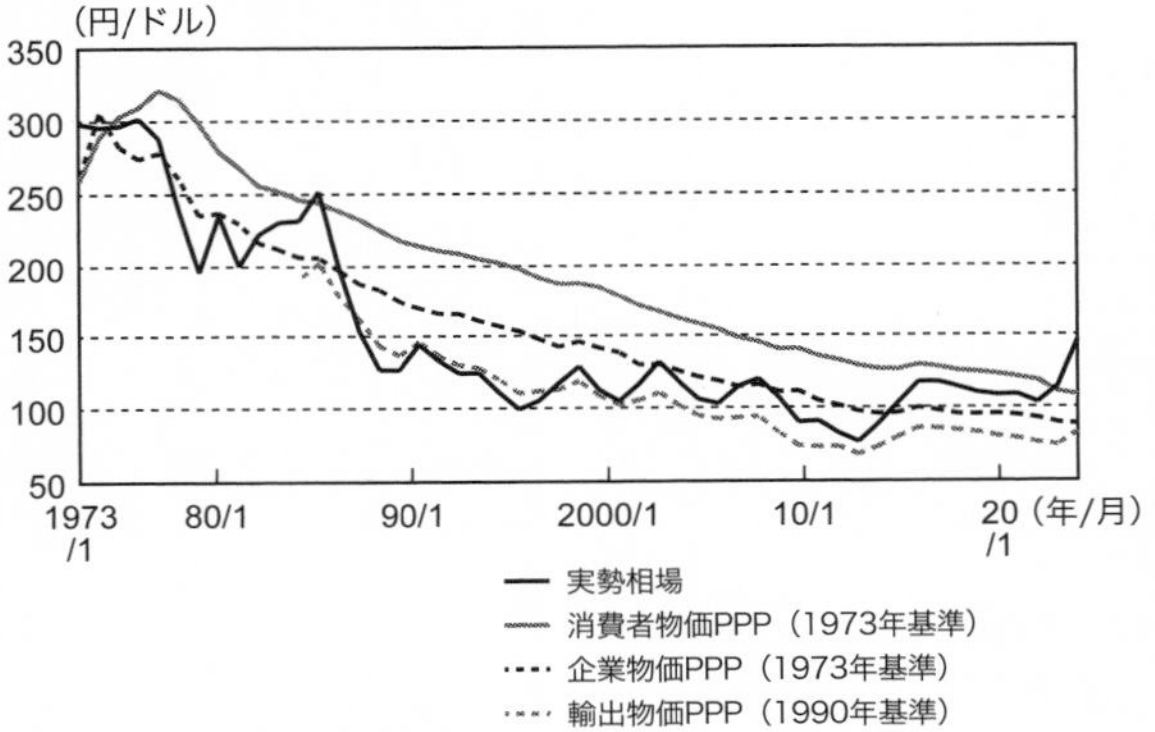

出所:公益財団法人 国際通貨研究所

が一目瞭然でしょう。長い目で見れば、ドル・円相場は現状よりもかなり円高の方向へ是正されていくはずなのです。

一方で、短期的に為替レートに大きな影響を及ぼしているのは、ヘッジファンドのような投機筋の動きです。目先の為替相場は、99%以上が投機的な行動によって決まっていると言っても過言ではないでしょう。

日本の輸出産業が米国で製品を売って、その代金を円に戻して決算を行うなどといった実需はほとんど影響していません。そして、2022年3~11月のように円安トレンドが明確になった局面は、投機筋にとって格好の狩猟場となります。

なぜなら、方向性が定まっているので、円売り・ドル買いのポジションを取っていれば絶対に負けないからです。その後、米国の利上げペースが鈍化する観測が出てからは、なかなか仕掛けづらくなっているというのが彼らの実情でしょう。

短期的にも、一気に120円程度まで戻す可能性が！

では、次に投機筋はどういった場面で大きな動きに出てくるのか？　それは、米国株のバブル崩壊が顕在化するタイミングです。

おそらくニューヨークダウが2万ドルの大台を割り込んだ頃合いから、米国は金融引き締めから金融緩和へと方向転換を余儀なくされるはずです。そうすると日米の金利差は縮小することになりますし、為替レートの行方を決定づける資金供給量の比においても大きな変化が生じます。

バブル崩壊のダメージを抑えるため、金融緩和でドルを大量供給するからです。

くしくも2023年4月には日本銀行の総裁が交代し、緩和一辺倒だった日本の金融政策にも変化が生じるかもしれません。

米国がドルをばらまく一方で、新総裁が円の供給量を絞ったとしたら、市場関係者の間では「為替相場が円高・ドル安の方向へ動くのではないか?」との思惑が働きがちになるでしょう。つまり、新たに今までとは逆方向の潮流が見え始めるわけで、投機筋がこのトレンドに乗らないはずがありません。

したがって、一気に120円程度まで円高方向へ戻したとしても不思議はないでしょう。さらに、少し前のページでも述べた通り、長期的に購買力平価へと収斂していけば、いっそうの円高が進む可能性も十分に考えられます。

長い目で見れば、日本の製造業の国内回帰も進む

先般、米国から一時帰国した中学校時代の同級生から聞いたのですが、現地で外食したら円換算で1食3000円台になるのは当たり前なのだそうです。彼は現地の寿司屋で雇われ店長を務めており、「給与はいくらなの?」と尋ねてみました。

すると、戻ってきたのはこんなコメントです。

「業績に連動してかなり変わってくるけれど、だいたい1日当たり5000〜10000ドルといったところかな」

1ドル＝135円で円換算すると、1日当たり6万7500〜13万5000円ということになります。当然ながら、日本では考えられない給与水準になってしまい、こうした事実を踏まえても、現状の為替レートは異常だと言えるのです。

円安が進んだことを受け、アイリスオーヤマが一部の商品において中国での製造を取りやめ、日本国内での生産にシフトしたとか。1ドル＝140円台はもちろん、130円台であっても国内で製造したほうがコストは安いとのことで、エアコン世界最大手のダイキンも一部の部品を日本で生産するそうです。

ドル・円相場が130円台になれば、日本のモノ作りは世界的に十分な競争力を回復するということなのでしょう。しかしながら、それでも生産拠点の国内回帰が本格化するのは難しいかもしれません。

経済学で用いる言葉で表現すれば、「ヒステリシス効果」が働くことが考えられるからです。いったん大きな変化が発生してしまうと、元通りの状態にはなかなか戻りきらないという現象を意味しています。

ヒステリシスはギリシア語で「後からくるもの」を意味し、元に戻りにくいのは、過去の事象がもたらしたインパクトが長く大きな影響を及ぼすからです。ちなみに日本では、「履歴現象」もしくは「履歴効果」とも呼ばれています。

いったん生産拠点を海外へ移転すると、現実的に考えてみても、そう簡単には国内へ戻せません。リストラしてしまった工場を日本で再び建設し、製造ラインも新たに整備して従業員募集するという多数のプロセスが求められてきます。

その結果、生産拠点が実際に国内へと回帰するまでには、少なくとも2~3年の歳月を要することになるのです。とはいえ、長い目で見れば日本の製造業の国内回帰が進むでしょうし、足元で設備投資自体も活発化してきていますから、超円安の状態がいつまでも続くことは到底ありえないのです。

「エブリシング・バブル」もすでにピークアウトしている

早晩、物価高が終わりを告げることのもう一つの根拠として挙げられるのは、「エ

■WTI原油先物チャート

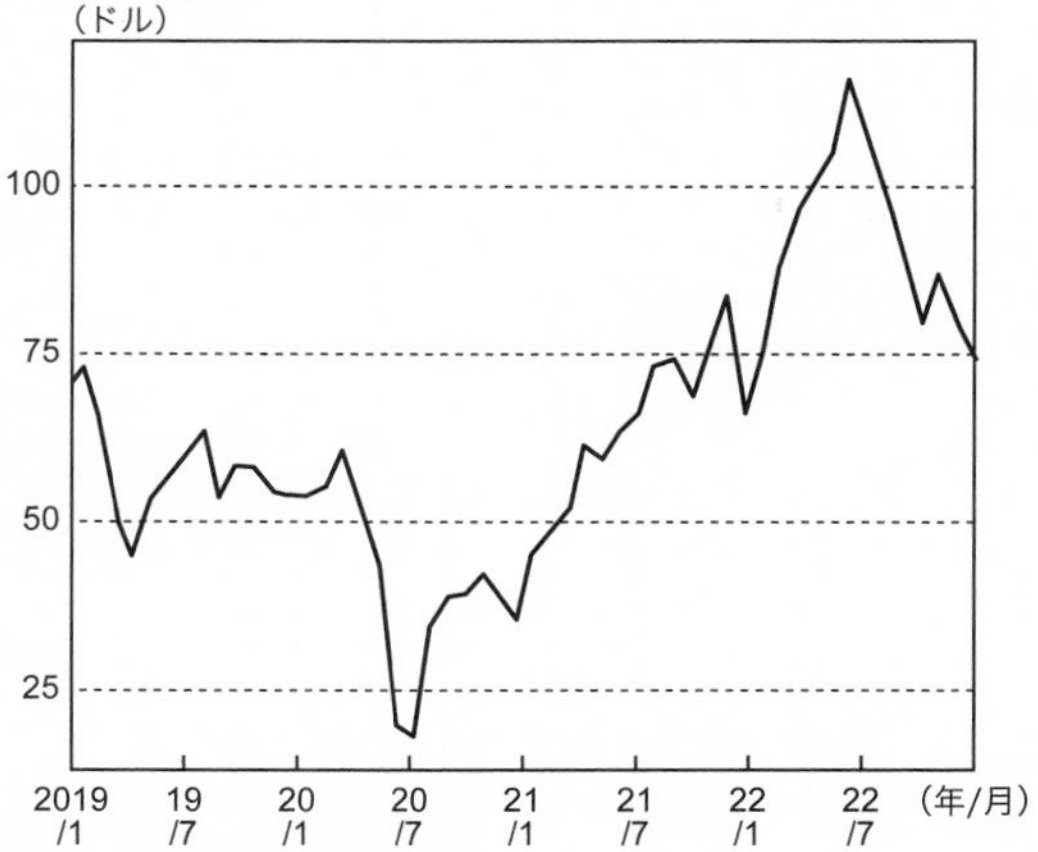

出所：Investing.comを参考に編集部で作成

ブリシング・バブル」がピークアウトしたことです。この表現は国際エコノミストのエミン・ユルマズ氏が著書『エブリシング・バブルの崩壊』（集英社）で用いたもので、石油や天然ガスといったエネルギーから鉄や非鉄金属、レアメタルなどの資源、小麦やトウモロコシ、大豆のような農作物、株式や暗号資産に至るまで、あらゆるものがいっせいに値上がりしている状況を意味しています。

ワクチン普及に伴う世界的な経済活動再開で需要がにわかに拡大したことにサプライチェーン（供給網）が対応

できなかった需給バランスの問題だと指摘されますが、もっと根深いところに原因があります。

それは、2008年9月のリーマン・ショックを機に世界に広がった金融緩和で低金利の資金が大量に供給されてきたうえ、コロナ禍でいっそうのバラマキが行われたことです。

こうして巷にあふれかえったマネーが投機的な行動に走った結果、「エブリシング・バブル」が発生したわけです。私は2020年の後半頃から米国株がバブル状態にあることを警告し続けてきましたが、その後も順調に右肩上がりを遂げていったことから、すっかりオオカミ少年のように扱われてきました。

ようやく2022年を迎えてから米国株のバブル崩壊を予測する声が広がっていきましたが、その中でもエミン・ユルマズ氏の現状認識は私と非常に近いと感じました。米国株が依然として過剰に割高であるとともに、投機がもたらした「エブリシング・バブル」も異常な現象だったのです。

しかし、米国株に先駆けて「エブリシング・バブル」のほうは、すでに2022

年4~6月期にピークアウトした兆候が顕著でした。原油価格の推移が象徴するように、軒並み2~3割の下落に転じています。

値上げラッシュのクライマックスは2022年秋だった

石油は北半球の冬場に実需が拡大するという季節要因も存在しますが、上昇トレンド自体が途絶えたことはチャートを見ても明白です。もっとも、現時点では物価高の収束を実感しづらいのも確かでしょう。

なぜなら、エネルギー・資源や農作物などの取引価格と巷での小売価格の推移にはタイムラグが生じるからです。たとえば小麦の場合、まずは政府が買い付け、半年間の調達価格の平均で民間に売り渡す流れになっています。

2022年春以降、ロシアの軍事侵攻に伴って世界有数の穀倉地帯であるウクライナからの小麦供給が急激に細りましたが、この需給バランスの乱れによる価格上昇の転嫁は同年秋頃に行われたのです。そして、先述したように小麦も含めた「エブリシング・バブル」の現象は2022年4~6月期にピークアウトしています。

原油にしても、産出国から日本まで輸送するには数カ月を要します。それを燃料や原材料として仕入れた国内の製造業がコスト上昇を価格に反映させるまでには、やはり半年程度のタイムラグが発生するものです。

つまり、2022年4~6月期が「エブリシング・バブル」のピークだったということは、同年秋が物価高のクライマックスとなる可能性が極めて高いのです。おそらく、読者のみなさんが本書を手にする頃には、消費者物価上昇率が頭打ちになっていることでしょう。

さらに、米国株のバブルが弾け散った瞬間から鮮明になってくるのは、インフレの真逆であるデフレです。物価高に苦しむのはそれまでのことで、米国株の崩壊後は物価の下落と向き合うことになります。

巷の人々にとって本当に怖いのは、インフレよりもデフレ

もっとも、物価高以上に怖いのはデフレであり、すでに水面下でそれは進行中です。様々なモノやサービスの値段が軒並み上昇しているため、ほとんどの人々は今

がインフレの状態にあると思っていることでしょう。

しかしながら、あくまでそれは表面的な現象にすぎません。「GDPデフレーター」と呼ばれる指標を注視すれば、実際にはデフレの状態にあることが浮き彫りとなってくるのです。

GDPデフレーターとは、名目GDPを実質GDPで割って算出した指標です。GDP統計では、名目GDPと実質GDPをそれぞれ推計していて、その比であるGDPデフレーターは、国内で作られた付加価

■GDPデフレーターの推移（前年同期比）

2011/ 1-3.	**-1.6**	2014/ 1-3.	**0.3**	2017/ 1-3.	**-0.6**	2020/ 1-3.	**1.0**
4-6.	**-1.9**	4-6.	**2.1**	4-6.	**-0.1**	4-6.	**1.5**
7-9.	**-1.6**	7-9.	**2.0**	7-9.	**0.3**	7-9.	**1.1**
10-12.	**-1.4**	10-12.	**2.3**	10-12.	**0.1**	10-12.	**0.2**
2012/ 1-3.	**-0.9**	2015/ 1-3.	**3.3**	2018/ 1-3.	**0.5**	2021/ 1-3.	**-0.0**
4-6.	**-0.9**	4-6.	**1.6**	4-6.	**0.1**	4-6.	**-0.5**
7-9.	**-0.7**	7-9.	**1.9**	7-9.	**-0.3**	7-9.	**-0.2**
10-12.	**-0.6**	10-12.	**1.6**	10-12.	**-0.3**	10-12.	**-0.3**
2013/ 1-3.	**-0.9**	2016/ 1-3.	**1.0**	2019/ 1-3.	**0.1**	2022/ 1-3.	**0.4**
4-6.	**-0.4**	4-6.	**0.6**	4-6.	**0.4**	4-6.	**-0.2**
7-9.	**-0.1**	7-9.	**-0.0**	7-9.	**0.5**	7-9.	**-0.3**
10-12.	**-0.1**	10-12.	**0.1**	10-12.	**1.5**		

出所：内閣府経済社会総合研究所国民経済計算部「2022年7～9月期四半期別GDP速報（2次速報値）」

値全体の物価水準を示します。GDPデフレーターの上昇はインフレ傾向、下落はデフレ傾向にあることを示唆します。

本来、インフレやデフレの判定を行う際にはGDPデフレーターをモノサシとして用いるべきです。しかしながら、数字が3カ月ごとにしか明らかにされないのに加えて、発表のタイミングがかなり遅れがちなことがネックとなり、主要な判定指標として位置づけられていません。

そのために大半の人々が見落としていますが、2022年7～9月期のGDPデフレーターは前年同期比でマイナス0・3％と、2四半期連続の下落となっています。また、2022年1～3月期を除けば、2021年4～6月期から、ずっとマイナスが続いています。つまり、実際には国内でデフレが進んでいるのです。

そもそもGDPとは、国内で生み出された付加価値の合計のこと。もっと噛み砕いて表現すれば、国内の企業の利益と労働者の賃金を足し合わせたものです。日本で賃金がなかなか上昇しないのは当然のことで、GDPデフレーターが示している通り、デフレ下にあるからなのです。したがって、物価高対策よりも私たちが取り組まなければならないのは、このデフレ経済の中でどう生き残るべきかを思案することです。

岸田文雄総理は「貯蓄から投資へ」の国策を掲げていますが、デフレ下では現金を持っていることが最善です。ましてや、米国株に投資することほど危険な行為はなく、下手をすれば株価下落と円高のダブルショックに見舞われかねません。

特に、老後資金を米国株で運用するのは言語道断で、絶対にやってはいけないこと。今まではなかなか意見が合いませんでしたが、少なくとも現時点においては、荻原博子さんの「キャッシュが一番！」という声に同調しています。

令和の時代に、かつて日本を危機に陥れた昭和恐慌が再来！

おそらく、これからの日本はかつての昭和恐慌と同じような宿命を辿ると私は考えています。それは、第二次世界大戦以前において日本が最も深刻な状況に追い込まれた未曾有の経済危機です。

１９２９年に世界恐慌が発生し、グローバルに株価の暴落が連鎖している最中、日本では濱口雄幸内閣が誕生しています。張作霖爆殺事件の処理の不手際で総辞職した田中義一内閣に代わって発足した新政権で、金融・財政の健全化による構造改革を進めようとしました。

そして、その一環として国民に節約を求めるビラを作成し、その中で次のように訴えかけました。

「明日伸びんがために、今日は縮むのであります」

将来的な成長のためには、今は我慢のしどころだという意味合いなのでしょうが、そのための具体策として金融と財政の同時引き締めを強行した結果、1930年に日本は昭和恐慌に陥ってしまいます。当時はまだ失業率の統計を記録しておらず、最近の経済学者たちの推計によれば、国民の4人に1人が職を失った模様です。

昭和恐慌（1929年）以前と比べて1931年の国民所得が8割弱に減少するとともに、卸売物価が7割に下落、米価が約6割に暴落するなど、デフレが深刻化しています。また、当時の日本における主力の輸出品だった綿糸も6割弱、生糸も4割台に暴落しました。

世界恐慌の最中、同じく米国においても4人に1人が失業者になりました。おそらく、デフレの進行とともに同じような時代がまもなく再来することでしょう。日本のみならず世界的にそのような状況に陥っていくことで、グローバル資本主義の息の根を止めるのだと私は考えています。

その主義主張に則《のっと》り、お金を右から左へと動かして大いに稼いでいた人は、きっと立ち直れないほどの衝撃を受けることになります。

昭和恐慌に至るまで危機が連続する中、庶民のライフスタイルが大転換

もちろん、グローバル資本主義の終焉《しゅうえん》は、そのヒエラルキーの上層部で暴利を貪っていた人たちだけではなく、格差社会において虐げられてきた人々にも大きな影響を及ぼします。より苦しい環境となっていくはずですから、自分自身の暮らしをどうやって守っていくべきかについて真剣に考える必要があります。

その点については第5章で詳しく触れていきますが、その前に一つの励みとなる事実についても伝えておきましょう。過去の逆境下において、市井の人々がたくま

しく新たなライフスタイルを取り入れていったというエピソードです。

日本は昭和恐慌に見舞われる前にも、度重なる深刻な不況を経験してきました。1918年に第一次世界大戦が終結した直後がその一例です。

日本は日英同盟を口実に中国などのドイツ支配地域を攻撃し、一部の艦隊を地中海まで派遣したものの、欧州の連合国陣営と比べれば本格的な参戦ではありませんでした。一方で経済的には戦争特需で潤っていたのですが、終戦とともにその反動が生じることになります。

しかも、大戦中に欧州で大流行したスペイン風邪（インフルエンザ）が日本にも上陸し、国内でも感染が拡大しました。1923年には関東大震災が発生して東京が壊滅的な打撃を受け、先述したように1930年には昭和恐慌が追い打ちをかけて、日本国内はまさしく満身創痍の状態となってしまいます。

ただ、こうした大混乱の中で起きたのがライフスタイルの大転換です。当時の日本では「和洋折衷」がキャッチフレーズとなっていて、人々の暮らし方が目覚ましい変化を遂げました。

学校の教科書で習ったように、日本人におけるライフスタイルの洋風化と言えば、明治維新を連想する人が大半でしょう。ところが、当時、実際に欧米の文化が浸透していったのは富裕層とエリート層の間だけに限られたことだったのです。

明治の時代を迎えても、庶民の暮らしぶりは江戸時代とほとんど変わりませんでした。大正時代を迎えて、ようやく庶民がその欧米の文化を取り入れ始め、和服よりも洋服が普段着となったり、筆記用具が墨・筆・半紙に代わってスケッチブック・鉛筆・クレヨン（クレパス）といった組み合わせになったりする変化が訪れました。

他にも、自転車が普及し、椅子に座る生活が定番化するなど、ライフスタイルが劇的に転換したわけです。こうした変貌の過程において、庶民の間では新たな経済活動が活性化していきました。

だから、バブル崩壊とともに訪れる新たな時代の中で、私たちもライフスタイルを上手に変化させながら、たくましく生き抜きたいものです。

グローバル資本主義の末端で働くことで、本当に仕事を楽しめるのか？

規制緩和に伴ってグローバル資本の巨大なショッピングモールが進出し、それを機に客足が遠のいてしまった地元の商店街が壊滅的な状況に陥る――。こうしたパターンが日本各地で発生していたことは周知の通りでしょう。その結果、私たちが本当に失ったものとは、いったいどのようなことなのでしょうか？

商店街の大将はそれぞれが一国一城の主人で、自分が思うままに好き勝手なことをやってきたから、商売を営むのがとても楽しかったはずです。何を仕入れていくらで売り、店内をどういったディスプレイにするか、どのような接客を行うのか、すべてが自由でした。

ところが、グローバル資本が運営するショッピングモールの従業員になると、たとえ店長を任されたとしても、仕入れや価格設定、ディスプレイなどに関して、完全に個人の裁量に委ねられることはまずありえません。企業によっては、細かな接客の作法についてもマニュアルで規定されています。

果たして、そのようにがんじがらめの中で働いても、仕事を楽しいと感じられるのでしょうか？　大学で私のゼミを受講している学生の一人が某ファストフードチェーンでアルバイトとして働いており、つい最近になってマネージャーに昇格したそうです。

それに伴い、スタッフへの指示や配置、本部への売上の報告などといった管理職業務も担うことになったわけです。そこで、昇格を機に時給がいくら上がったのかについて私が尋ねてみると、わずか100円という驚きの答えが返ってきました。

もちろん、このファストフードチェーンに限った話ではありません。ある世界的なeコマース事業者においても、物流倉庫でピックアップ作業を行っているスタッフと、彼らの管理を行っているスーパーバイザーとの時給の差はごくわずかです。

その一方で、彼らの行動指針となるマニュアルを作成している人たちは、何十倍もの収入を得ているのも現実。こうした違いがありながらも意欲的に働ける環境になっていたとしたら、それは与えられた仕事が楽しそうだと錯覚させる巧妙な仕掛けが施されているからでしょう。

グローバル資本主義の社会で、多くの人々は「資本の奴隷」と化す

結局、グローバル資本主義の手法は、帝国時代の列強各国が新興国を搾取した構図とさほど変わらないと言えるかもしれません。以前、私は若者向けに『10年後に失敗しない 未来予想図』（神宮館）という書籍の監修を務めたことがあります。

そして、その中において「みなさんの選択肢は、①ハゲタカになるか、②資本のしもべになるか、③アーティストになるかの三者択一です」といった趣旨の指摘を行いました。ちなみに、②のことを当初は「資本の奴隷」と表現していたのですが、誤解を招きやすいということで「資本のしもべ」に変更しています。

けっして大げさな表現ではなく、現実にグローバル資本主義の社会では、多くの人々が「資本の奴隷」として搾取され続けているのです。こう指摘すると、先進国のグローバル企業が新興国に設けた生産拠点において低賃金で過酷な労働を強いられている人々を連想するかもしれません。

しかしながら、実は日本国内においても大都市に住みながら低賃金の職場で働く若者たちが「資本の奴隷」となっています。自分なりの創意工夫の余地を与えられず、

ノルマだけが課されるという仕事を突きつけられているのです。

特に自分で熟考せずとも、単に与えられたことを指図された通りにこなしていればいいので、当初は楽だと感じるかもしれません。ところが、とても不幸な働き方であることに気づいて、どんどん苦しくなっていくわけです。

本来、仕事は楽しいものであったはずなのに、それがどんどんつまらなくなるのは非常に残念なこと。グローバル資本主義がもたらす格差の拡大とは、所得と楽しい仕事を資本家(富裕層)が独占することだったのです。

もっとも、私から言わせれば、富裕層たちの暮らしぶりには少しも幸せを感じられません。タワーマンションのペントハウスから下界を眺め、あくせく働く労働者たちを見下すことが、どうして人生の充実に結びつくのでしょうか?

実際のところ、お金は持てば持つほど、少しでも失うのが怖くなるものです。その不安を紛らわせるために派手な振る舞いをしているのであれば、グローバル資本主義は何人《なんぴと》たりとも幸せにしていない気がします。

だとすれば、完全に行き詰まっていることが明白ですから、本当に崩壊すべき局面が迫っていると言えるでしょう。グローバル資本主義が限界に達したことの象徴、それが米国株のバブル崩壊なのです。

第3章　荻原博子が嘆く日本の未来

今の日本はインフレではなく、スタグフレーションに近い

海外では2021年頃から物価の上昇が顕著になっていました。2022年に入ってからは日本国内でも値上げが相次ぎ、いよいよ日本もインフレに見舞われるのではないかと世間は騒いでいます。しかし、依然として政府はデフレ脱却を宣言していません。

本当に日本もインフレの時代を迎えているなら、長らくの悲願だったデフレ脱却に関して、政府としての公式な見解が示されるはずです。

本来、インフレはモノやサービスの需要が拡大し、それに供給が追いつかないことによって発生するものです。高くてもいいから欲しいというニーズを踏まえて、モノやサービスの値段が上昇していくわけです。

専門用語で表現すると、「デマンド・プル（需要牽引）型」のインフレと呼ばれるものです。こうした現象は、景気が拡大している局面で見られます。

一方、「コスト・プッシュ（コスト圧迫）型」と呼ばれるインフレが発生することもあります。こちらはコストが増えた分を価格に転嫁することによって、物価が上

■「デマンド・プル型」「コスト・プッシュ型」の概念図

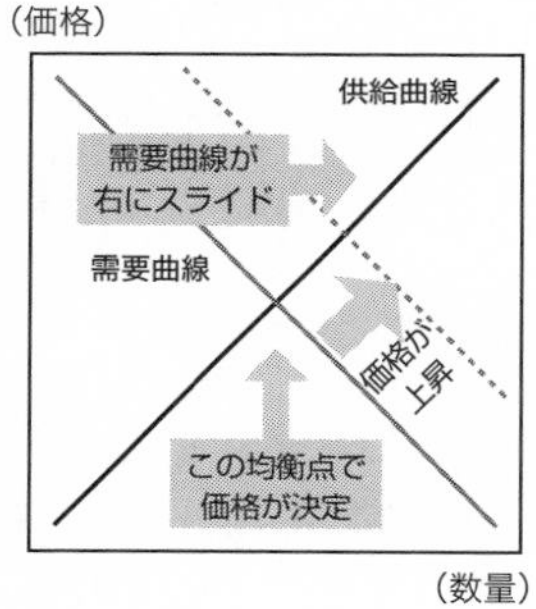

デマンド・プル型

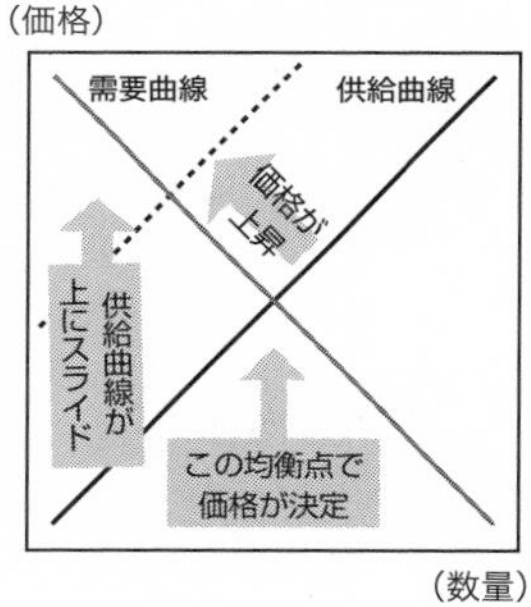

コスト・プッシュ型

昇していくわけです。

この「コスト・プッシュ型」の場合は、必ずしも値上げによって企業の利益が増えているわけではありません。言い換えれば、好景気ではなくてもこちらの現象が発生するということを意味しています。

果たして、今の日本国内における値上げの動きは、どちらに該当するものでしょうか？エネルギー・資源や農作物などの国際的な取引価格が上昇を続けたうえ、為替相場では極端な円安が進んだことによって、ここまでの日本で深刻化してきたのは輸入物価の上昇です。

広く知られているように、日本はエネル

ギー・資源や小麦などの農作物を輸入に依存しています。輸入物価の上昇に伴ってコスト負担が増え、それを価格転嫁したのが国内における値上げの動きですから、明らかに「コスト・プッシュ型」だと言えます。

そもそも、景気の拡大を伴う「デマンド・プル型」のインフレなら給料（人件費）も上昇しますし、実際に海外ではその傾向が見られます。ところが周知の通り、日本は給料がほとんど上がらない状態が続いています。

むしろ、今の日本はスタグフレーションの状態に近いのではないかと私は見立てています。景気が悪くなっていく中、物価の上昇傾向が続くという最悪のパターンです。

ウクライナ問題が早期に解決しない限り、物価は高止まり

では、この物価上昇はいつまで続くのでしょうか？　振り返ると、海外において顕在化した2022年序盤までの物価上昇は、コロナ禍という長いトンネルをようやく抜け出し、世界的に経済活動が再開されて需要が急激に回復したことに起因し

■ドル・円相場の推移

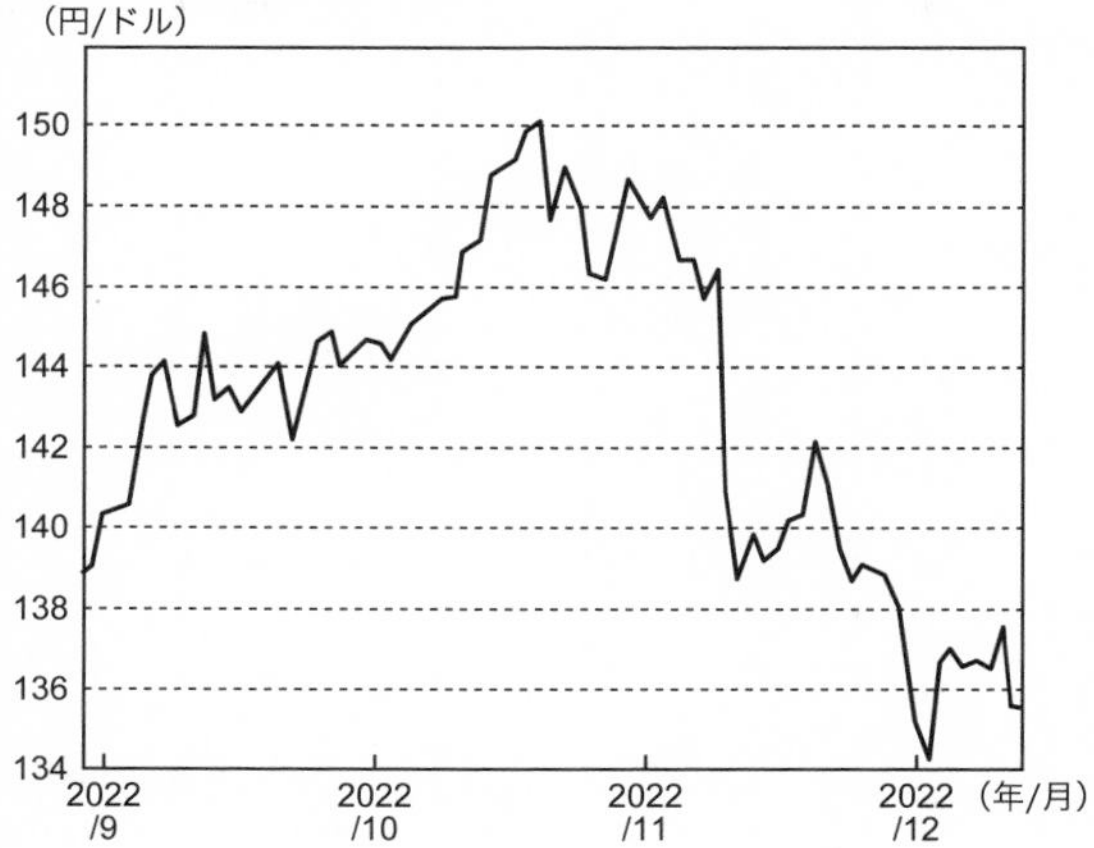

ています。

これに対し、2022年2月以降の物価上昇については、ロシアによるウクライナ侵攻の影響が大きいと言えるでしょう。ロシアに対する経済制裁に伴い、同国からの原油や天然ガスの供給に制約が生じていますし、小麦をはじめとする穀類はウクライナの主要な輸出品で、こちらの出荷も滞り気味になっています。

相変わらずロシアも強硬姿勢を崩しておらず、両国間の話し合いによる早期の解決はなかなか難しいところでしょう。だとすれば、エネルギー・資源や農作物などの価格はしばらく高止まりする可能性が高そうです。

しかも、2022年11月になってから急速に円高方向に戻したとはいえ、今後も日米の金利差が拡大するのは既定路線です。再び円安に流れが変わる可能性も考えられ、そうなると輸入物価の上昇要因として作用します。

したがって、物価の動向については予断を許さない状況にあるでしょう。特に日本は給料が増えないだけに、そのダメージはかなり大きいと言えます。

物価高に覆いかぶさるのが、増税をはじめとする国民負担の増大

そのうえ、水面下で進められているのは、物価の上昇に覆いかぶさる格好で家計を苦しめる増税や公的保険の保険料引き上げによる国民負担の増加です。すでに大増税時代に突入しており、2022年度の税収見込みは過去最高となる65兆2000億円で、バブル経済終焉時（1990年度）の60兆1000億円をはるかに上回っているのです。

2022年度の税収において最も大きなウエートを占めていたのは消費税で、21

■日本の税収（一般会計税収）の推移

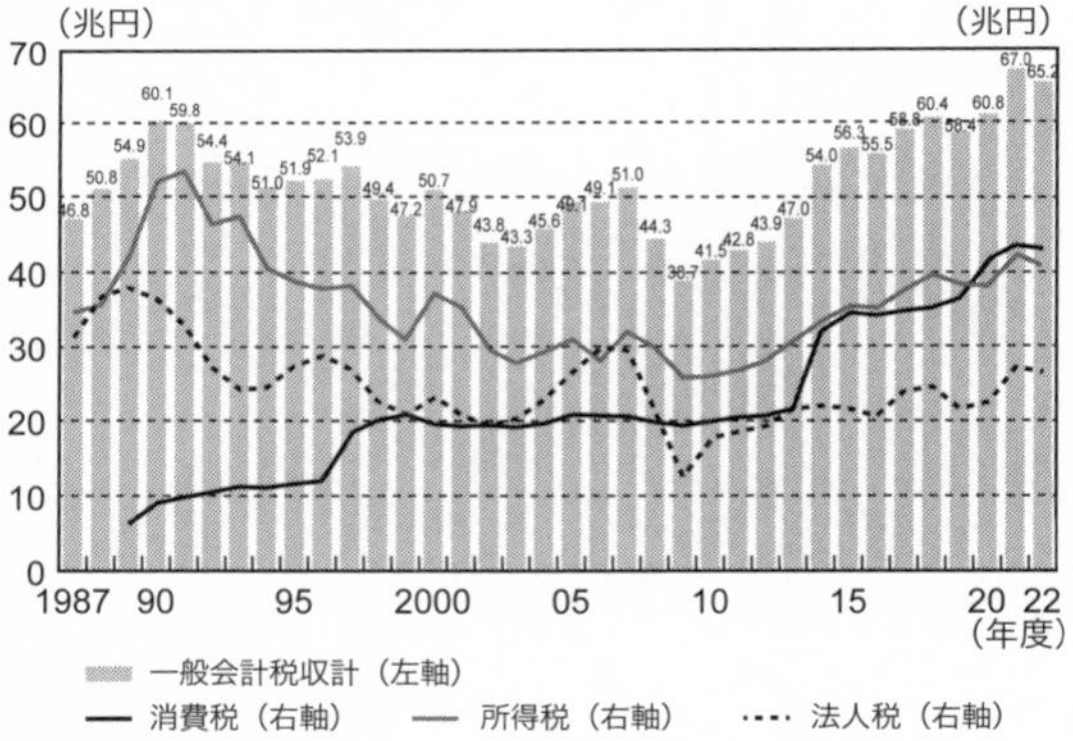

出所：財務省

兆6000億円に達しています。商品やサービスの値上げが実施されれば、おのずとその分だけ消費税の負担も増えるので、国民にとっては実質的な増税として作用しています。

　岸田総理は2027年度の時点で、1兆円程度の税収増を目指しており、防衛費を確保するためにも増税は不可欠と判断している様子ですが、目的はそれだけにとどまらないでしょう。特別給付金や持続化給付金、時短要請協力金など、国は新型コロナ対策で巨額の税金を投入しており、増税によってその穴を埋めようとしているのです。

ただでさえコロナ禍で収入が激減しているところに物価の高騰が直撃し、国民の生活はかなり圧迫されています。さらなる増税まで強行するなら、岸田総理が掲げる「所得倍増計画」とは真逆で、所得が半減してしまうことにもなりかねません。

「相続・贈与の一体化」に向けた所得移転への課税強化が進む

具体的な増税プランが浮上しているものから挙げると、かなり以前から方針として打ち出されていた「相続・贈与の一体化」があります。これは、相続・贈与を区別せず財産の譲渡にかかる課税額を同等とする税制改正を意味しています。現行では年間110万円までの贈与は非課税扱いになりますが、「相続・贈与の一体化」が実施されると、こうした枠を利用した生前贈与による節税が不可能となります。

すぐには「相続・贈与の一体化」に踏み切らなかったとしても、その外堀を埋めるような税制改正が計画されています。先述した贈与税の非課税枠(年間110万円)ですが、現行では贈与した人が亡くなった場合、その3年以内に贈与した分は無効となり、相続税が課せられるようになっています。

政府税制調査会は遡《さかのぼ》ることができる期間を大幅に延長し、贈与した人が亡くなってから7年以内に贈与した分まで相続税の課税対象とすることにしました。7年も前に受け取ったお金はすでに使っている可能性も高く、あまりにも理不尽な話です。

また、親から子への教育資金の一括贈与には1500万円、結婚・子育て資金の一括贈与には1000万円という非課税枠が設けられていますが、政府税制調査会はこれを廃止する方向で検討を進めています。個人が保有している金融資産の多くはシニア層に集中しており、これらの非課税枠はもっと若い世代への所得移転を促すことが狙いにあったようですが、今後は税収拡大が最優先課題ということなのでしょうか?

ただでさえ老後のお金が心配なのに、退職金への課税強化も!

多くの人々が老後のお金のことに不安を抱いているにもかかわらず、退職金に対する課税強化も検討されています。現行の制度では勤続20年まで、1年につき40万円が非課税になります。たとえば勤続年数が20年なら、退職金は800万円まで非課税となるわけです。

そして、勤続20年を超えると、1年につき70万円まで非課税となります。勤続年数が40年なら、退職金は2200万円まで非課税で受け取ることが可能です。

こうした現行の税制に対し、政府税制調査会が検討しているのは、勤続年数にかかわらず「1年につき40万円の非課税枠」に一本化すること。この見直しが実施されると、勤続20年超の人は非課税枠が現行よりも縮小してしまい、勤続40年の人が課税なしで受け取れる退職金は1600万円になってしまいます。

先に述べた通り、勤続40年の人の退職金は現行なら2200万円まで非課税。これが1600万円になれば差額の600万円が新たに課税対象となり、軽視できない税金が差し引かれることになるのです。

一方、年間1億円以上の所得を得ている富裕層への増税も計画されており、その点に関しては自分と無関係のことだと受け止めている人が多いでしょう。しかし、油断は禁物で、過去の例を見る限り、ハードルはじわじわと引き下げられていくものです。

■退職金の非課税枠が見直しされると…

現行の非課税枠			
勤続年数	非課税上限額	勤続年数	非課税上限額
1年	40万円	21年	870万円
2年	80万円	22年	940万円
3年	120万円	23年	1010万円
4年	160万円	24年	1080万円
5年	200万円	25年	1150万円
6年	240万円	26年	1220万円
7年	280万円	27年	1290万円
8年	320万円	28年	1360万円
9年	360万円	29年	1430万円
10年	400万円	30年	1500万円
11年	440万円	31年	1570万円
12年	480万円	32年	1640万円
13年	520万円	33年	1710万円
14年	560万円	34年	1780万円
15年	600万円	35年	1850万円
16年	640万円	36年	1920万円
17年	680万円	37年	1990万円
18年	720万円	38年	2060万円
19年	760万円	39年	2130万円
20年	800万円	40年	2200万円

見直し後の非課税枠			
勤続年数	非課税上限額	勤続年数	非課税上限額
1年	40万円	21年	840万円
2年	80万円	22年	880万円
3年	120万円	23年	920万円
4年	160万円	24年	960万円
5年	200万円	25年	1000万円
6年	240万円	26年	1040万円
7年	280万円	27年	1080万円
8年	320万円	28年	1120万円
9年	360万円	29年	1160万円
10年	400万円	30年	1200万円
11年	440万円	31年	1240万円
12年	480万円	32年	1280万円
13年	520万円	33年	1320万円
14年	560万円	34年	1360万円
15年	600万円	35年	1400万円
16年	640万円	36年	1440万円
17年	680万円	37年	1480万円
18年	720万円	38年	1520万円
19年	760万円	39年	1560万円
20年	800万円	40年	1600万円

最大で600万円分が新たな課税対象に！

当初は「1億円以上」だったボーダーラインが「7000万円以上」に見直され、こっそりと「5000万円以上」、「3000万円以上」といった具合に引き下げられていく可能性が考えられます。気がつけば、自分も課税強化のターゲットとされているのです。

さらに極めつきとも言えるのが、消費税に関して2023年からインボイス制度が導入されることです。こちらは説明が長くなるので詳しくは後述しますが、メリットがあるのは財務省だけというとんでもない制度で、予定通りに実施されると、中小・零細企業や個人事業主の間で経営破綻が続出するおそれがあります。

公的保険の保険料引き上げも相次ぎ、国民負担は増すばかり

増税以外で国民負担を増加させるものとしては、公的保険の保険料引き上げが挙げられます。すでに2022年10月から実施されているのは雇用保険の保険料引き上げで、コロナ禍において雇用調整助成金の支給額が増え続けて財源が不足していることを理由に、労働者の保険料負担が賃金の0・3%から0・5%に、事業主の

■社会保険の加入対象拡大のイメージ

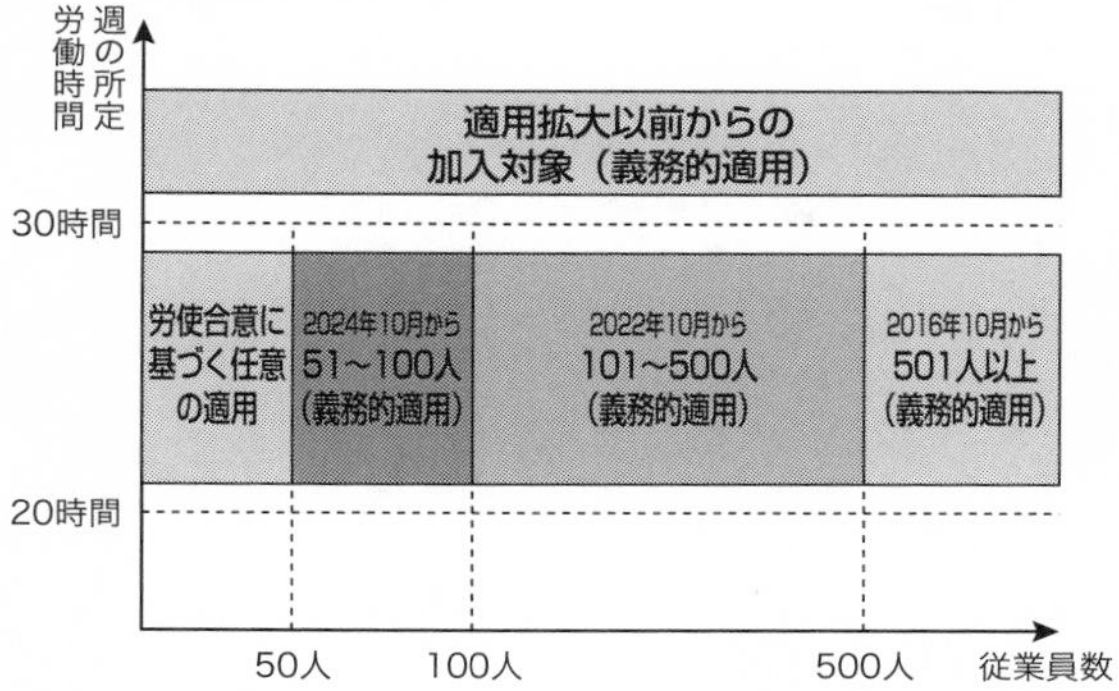

出所：厚生労働省

負担が０・65％から０・85％に引き上げられました。

また、今まで社会保険（健康保険・介護保険・厚生年金・雇用保険・労災保険）の加入対象は、「被保険者が常時５０１人以上に達している事業所」で働く人（正社員のみならずパートやアルバイトも該当）でした。しかし、２０２２年10月以降は「常時１０１人以上に達している事業所」に拡大されています。さらに、２０２４年10月からは「常時51人以上」へといっそう対象が広がる予定です。

加入対象となる事業所で働くパート・アルバイトで実際に保険料を負担することに

なるのは、①月額賃金8・8万円以上（年収106万円以上）、②1週間の所定労働時間20時間以上、③2カ月以上の雇用期間が見込まれる、④学生ではない、といった条件をすべて満たす場合です。

国民年金の保険料負担が一気に100万円も増える制度変更も!?

同じく2022年10月から負担が増えているのは、後期高齢者（75歳以上）の医療費です。一定以上の所得がある場合は、現役並み所得者（自己負担割合3割）を除き、医療費の自己負担割合が2割に引き上げられており、被保険者となっている後期高齢者の約20％が該当しています。

それまで後期高齢者の自己負担は、年収が383万円未満の場合は1割でした。ところが、現在は、年収200万円以上383万円未満で2割負担となっています。

介護保険においても、保険料の引き上げや自己負担割合の拡大が進められることになりそうです。厚生労働省は所得が高い人を対象に、65歳以上が負担する介護保険料の引き上げを検討しています。

介護サービス利用時の自己負担を現行の「原則1割」から「原則2割」へ引き上げることについては、いったん見送るとの観測が強まっています。とはいえ、遠くない将来に実施する可能性は否めません。

意外と見過ごされがちですが、国民年金の納付期間延長も看過できない制度改正です。厚労省は納付期間を5年間延長して65歳未満までとすることを検討していますが、それが現実となれば加入者の負担は約100万円も増えるのです。

消費税の徴収側以外にはデメリットしか存在しないインボイス制度

書くべきことが多すぎて後回しになりましたが、最も懸念視されているのは、2023年10月に予定されているインボイス制度の導入です。消費税の確定申告を行う際は、インボイス（適格請求書）を用いて「仕入税額控除」を受けるという新たなルールを定めた制度です。

一言で説明すれば、国には消費税を着実に徴収しやすくなるという大きなメリットがある一方で、消費税を負担する側や受け取る側の間では手間ばかりが増え、ほとんどデメリットしかもたらされないという新ルールです。

まず、取引先（買い手）から消費税を受け取る側はインボイスの発行事業者として登録される必要があり、制度の開始時から適用を受けるには2023年3月31日までに税務署へ「適格請求書発行事業者の登録申請書」を提出しなければなりません。この登録を行わないと、買い手に対してインボイスを発行できないのです。

インボイスとして認められない請求書の場合、確定申告時に「仕入税額控除」を適用できなくなります。「仕入税額控除」とは、製造、流通、販売などの各プロセスにおいて課税の重複が発生しないように、仕入れなどで発生した消費税額を差し引くという制度です。

インボイスを受け取れなかった買い手は「仕入税額控除」を適用できず、実態よりも納付すべき税額が大きくなってしまいます。年間の取引額にもよりますが、買い手としてはインボイス以外の請求書を発行する売り手のことを敬遠しかねません。

「仕入税額控除」を受けるうえでは請求書のみならず、領収書や納品書などもインボイス制度における要件を満たしている必要があります。また、発行側と受領側はどちらも、インボイスを7年間保存しておかなければなりません。

免税事業者からも消費税を徴収するのがインボイス制度の魂胆

現状、年間の課税売上高が1000万円未満の事業者（免税事業者）は消費税の納税が免除されています。インボイス制度が導入されると免税事業者はインボイスが発行できないため、一部の例外を除いて「仕入額控除」が受けられません。

インボイス制度が導入されても免税事業者のままでいることは可能ですし、6年間は経過措置期間があり、当初3年間は8割、残りの3年間は5割の「仕入税額控除」が認められています。しかしながら、先述したように買い手にとってインボイスではない請求書を受け取るのはデメリットとなります。

免税事業者のままでいることで仕事が減ってしまっては、まさしく本末転倒でしょう。こうしたことから、課税売上高が1000万円未満で今まで納税が免除されてきた事業者の間でも、あえてインボイスの発行事業者として登録する動きが出

■インボイス制度によって変わること

請求書の様式

請求書に以下の3項目が追加されます。
①インボイス制度の登録番号
②適用税率（8％ or 10％）
③適用税率ごとの消費税の合計額

消費税の申告が複雑化

インボイス制度では、「課税事業者」との取引のみ仕入税額控除を受けられます。「免税事業者」または「消費者」などとの取引では控除を受けられないため、ひとつひとつの取引ごとに、その取引先が控除を受けられるのか、管理する必要があります。

重要

フリーランスは仕事が減る可能性がある

課税売上高1000万円以下のフリーランスは「免税事業者」となるため、取引先は控除を受けられません。つまり、仕事の発注元としては、免税事業者に仕事を依頼すると、課税事業者に依頼するよりも余分な費用がかかります。結果として、課税事業者を優先して仕事を依頼する企業が増え、フリーランスの受注機会が減る可能性があります。

てきそうです。

インボイス制度は、消費税の機動的引き上げの布石

国にとっては、今まで取り損ねていた相手からも消費税を回収できることになりますが、免税事業者にとっては実質的に増税として作用します。取引先に気兼ねしてやむをえずインボイスの発行事業者となったものの、税負担によって資金繰りが悪化してしまう中小・零細企業や個人事業者が続出するのは必至でしょう。

しかも、目先の徴収強化だけにとどまらず、財務省にはもっと大きな企みがあります。２０１９年10月に消費税が10％へ引き上げられた際、食品などには８％の軽減税率が適用され、計算が非常に面倒になっています。

ところが、インボイス制度を導入すると事務手続きが簡単になり、新たに複数の税率が導入された場合の対応も容易です。たとえば欧州ではヨットなどの贅沢品には20％という高税率の消費税を課しており、日本でも贅沢品に的を絞った税率の引き上げを実施する可能性が高まってきました。

そうすれば、大きな批判をかわしながら増税を達成できます。あるいは、軽減税率を廃止して一律10%とする強硬策も十分に考えられるでしょう。

2022年10月に開催された政府税制調査会では、「未来永劫、10%のままで日本の財政がもつとは思えない」とか、「今後の高齢化の進展に合わせて遅れることなく、消費税率の引き上げについて考えていく必要がある」とかいった発言が飛び出しましたが、明らかに財務省寄りの見解でしょう。財務省が公表した2021年の国民負担（税金＋社会保障）率は48%に達しているわけですし、本当に先のことを考えれば、インボイス制度の導入は自滅行為です。

内部留保を抱えていても、企業は給料を安易に増やせない

こうして国民負担が増大していく一方で、残念ながら肝心の給料のほうは増える見込みがありません。多くの大企業が巨額の内部留保（利益剰余金のプール）を抱えているのは確かですが、先行きが非常に不透明な実情を踏まえれば、まさにそれは〝虎の子〟のような存在で、そうたやすくは放出できません。

どれだけ労働者側が賃上げを強く要求しても、企業側としてはなかなか応じるわけにはいかないはずです。中国経済の減速が顕著ですし、米国もインフレ退治の金融引き締めが足を引っ張るおそれがあり、欧州もウクライナ情勢の影響を強く受けて苦しんでいるといったように、世界のどちらへ目を向けても不安だらけです。

こうした予断を許さない状況下で最も躊躇《ちゅうちょ》されるのは、従業員の給料を増やすという選択肢でしょう。いったん増やしてしまうと、容易には減らせません。

国民負担増が進む中で給料も増えないという構図ですから、景気がよくなるはずがありません。平成の時代にも「失われた30年」などと呼ばれた閉塞期間が訪れましたが、令和の時代はもっともっと酷《ひど》い状況に陥っていきそうです。

何かが少しずつでも改善していれば少しは希望を抱けるものの、すべてが悪くなっていくばかりです。岸田総理の迷走ぶりがこうしたシビアな現実を象徴しているでしょう。

最も苦境に立たされるのは、50代後半の時代錯誤的な家庭?

このように厳しさは増す一方ですが、すでに年金生活に入っている人は、まだどうにかなるでしょう。

確かに、年金は物価上昇に弱いと言われます。社会情勢の変化に応じて給付水準を自動調整する「マクロ経済スライド」は、今のところ「支給額の改定率=物価上昇率-0・9%」という計算式になっており、インフレを踏まえて支給額が見直されても、物価上昇を下回る増額にとどまるからです。

とはいえ、短期的に支給額の大幅な引き下げが実施されることもありえず、まだ年金の受給が始まっていない世代と比べれば、はるかに恵まれた環境だと言えるでしょう。この先、じわじわと支給が減額されていく可能性は考えられますし、厚生労働省は将来的に支給開始年齢を70歳まで引き上げることを目指しています。

状況次第ではすでに年金暮らしの人の支給額も、20年後に3割程度カットされているかもしれません。現時点で70歳の人は20年後に90歳に達しているわけで、食費や遊興費、交際費などの出費も大幅に減っているはずです。

むしろ、最も苦境に立たされるのは今の40〜50代でしょう。もっと若い30代前半や20代は、もはや国のことは信じておらず、年金なんてもらえないと期待していません。

だから、彼らは節約意識が高く、しっかりと貯蓄を行っているケースが多くなっています。40〜50代はそこまで割り切っておらず、老後が近づいてから焦ってしまうことになりかねません。

40代では共働きのケースも多く、そういった世帯なら苦しい状況の中でもどうにか家計をやりくりできるでしょう。最も危機感を抱いたほうがいいのは50代後半で、「男は外で稼ぐ大黒柱者」という昔ながらの固定観念から抜け出せない人です。

専業主婦を務めているその妻にしても、「望み通りに高学歴、高収入、高身長という〝3高〟の男性と結婚できて一生安泰だと思っていたのに、どうしてこんなヤツといっしょに……」などといった不満が鬱積しがちです。家計が苦しくなっていても、お互いに前向きな話し合いを進めるのが難しくなっているかもしれません。

しかし、そういった家庭こそ、まさに今が正念場です。夫婦で協力して、とにかく家計を立て直していかなければ、これからさらに苦難が続く世の中を生き抜くことが難しくなってしまいます。

第4章

【対談】荻原博子×森永卓郎
「自産自消で豊かに生きる」

消費増税の布石、インボイス制度の導入強行は財務省の乱心か⁉

――第1章に続き、今の日本の政策や、これからの生き方について、お二人の考えをうかがいたいと思います。

荻原　日本の政策と言えば、おかしいのが中小・零細企業や個人事業主の足を大きく引っ張るインボイス制度ですよ。消費税という制度自体がひどいものですが、インボイス制度は税収を上げやすくするために導入する仕掛けですからタチが悪い。

これまで年収1000万円以下の事業者は納税義務が免除されてきましたが、インボイス制度が導入されると、納税せざるをえない状況に追い込まれてしまいます。財務省はそういった事業者を市場から締め出して仕事を奪おうとしているのでしょうか？　それとも、とにかく税金を徴収できれば、中小・零細企業や個人事業主の経営が破綻してもいいと考えているのでしょうか？

しかし、たとえば10人の従業員が働く企業があったら、そこでは彼ら10人の家族も養われているわけです。その企業を容易に潰してしまえば、家族も含めて何十人もの人生を狂わせることになります。

中小企業は日本経済において非常に大きなウエートを占め、クッションのような役割を担ってきたにもかかわらず、いったい財務省は何を考えているのでしょうか？　まったくもって、インボイス制度の導入は大問題です。

森永　だから、そんなに世知辛い都会での生活は捨てて、「トカイナカへ行こうぜ！」というのはどうでしょうか？

荻原　ホント、インボイス制度も含めて生き抜くのが大変な時代になっているだけに、そういった明るいメッセージが求められていますね。

都会よりも人間関係が希薄でなく、田舎ほど濃すぎないトカイナカ

森永　トカイナカのよさは、都会と田舎の中間という位置的なことだけにとどまらず、いろいろな意味で中途半端なことにあります。たとえば、都会と比べれば人間関係が希薄でないものの、田舎ほど濃密すぎることもありません。

田舎だと、よそ者はなかなか容易には受け入れてもらえない側面があり、地元に溶け込むまでが意外と大変だと言えます。たとえば、村祭りで神楽をいっしょに舞

えるようになれば仲間と認められるものの、その舞台に加えてもらうまでには10年の歳月が必要などといった具合です。

しかし、そこまでの根性や覚悟のない人でも、トカイナカなら簡単に馴染《なじ》むことが可能でしょう。

荻原　確かに、そういった側面はありますね。私の実家がある長野でも、かつては飼っていた鶏を絞めて捌《さば》いたりしていましたが、都会から移り住んだ人がそういった光景をいきなり目の当たりにしたらカルチャーショックを受けると思います。地元の人間でも、トラウマになることがあるほどですから。

私の祖父と父は、絞めて捌く役割が回ってきてその務めを果たしたものの、それから鶏を食べられなくなってしまいました。

一方、私の兄弟や親戚は長野で農業を営んでおり、私の娘も静岡の農家に嫁いでいるのですが、彼らが農作業に取り組む姿を見ていると、ストレスレスで楽しい人生を送っているように感じますね。

ところで、話題はガラリと変わってしまうのですが、テレビの出演依頼が殺到していた頃の森永さんって、局からたくさんお弁当が支給されて、コストのかからない生活を送っていましたよね。そのせいで太っちゃったのかしら？

不摂生で余命半年宣告も、農業に励む今は健康体に

森永　当時は過密スケジュールで睡眠時間がなくて、何かを食べていないと起きていられず、ラジオ番組のＣＭ中にも寝落ちしてしまうほどでした。だから、１日６食、コーラも５～６リットルといった食生活を続けていたところ、７年前に糖尿病になり、余命半年だと宣告されてしまいましたよ。

その矢先、たまたまテレビ番組の企画でライザップの減量にチャレンジすることが決まり、２カ月間で20キロ、その前から比較すると約35キロの減量に成功しました。あのダイエットをやっていなかったら、とうの昔に死んでいましたよ。

今も２カ月ごとに血糖値などを検査していますが、特に問題は発生しておらず、特別な治療も行っていません。やはり、トカイナカでの農作業は健康にもいいのだと思いますね。本当は今、耕運機が欲しくてたまらないのですが、歯を食いしばっ

て、せっせとクワで土を耕しています。

荻原　それは、カラダのことを考えてということですね。

森永　そうです。耕運機自体は10万円ちょっとで買えるので、けっして高い買い物ではありません。ものすごく効率も上がるのですが、今は我慢しています。

荻原　そのほうがカラダには絶対にいいし、そもそも生産性は下手《へた》に上げないほうがいいとおっしゃっていたのは森永さん自身ですからね。現在の森永さんは悠々自適に幸せそうな暮らしを過ごしている様子だから私もすごく嬉しいのですが、かつての働きぶりには心底から心配していましたよ。

森永　えっと、1日22時間労働を365日、1日も休まない状態を10年間も続けていましたからね。

荻原　あの状況から、自分の好きなことをやって暮らすという現在の着地点に到達できたのは、すごく幸せなことだと思います。本当によかった。

森永　今では考えられませんが、当時は37本の連載を抱えていて、その中にはデイリーの締め切りもありました。1日当たりの平均締め切り本数が10本で、取材対応も1日10回。テレビとラジオに出演して講演もこなすというパターンでした。

ただ、私は書くのがものすごく早いので、締め切りで苦しんだことはありません。締め切りを忘れていても、担当編集者から催促の電話があると、「送信を忘れていました」と言って、30分以内で書いて、すぐに送っていました。

そのとき身につけた技は、いまだに健在で、先日もラジオに出演している最中に担当編集者からメールが届いて、ある週刊誌の締め切りを忘れていたことに気づきました。ラジオの後は大学での講義が待ち構えていたので、日比谷から地下鉄に飛び乗ってから車中で執筆に着手し、北千住駅につく頃には完成していました。トップギアまで入れて最速モードで書いたから、もう急には止まれません。大学に到着するまでには、スポーツ紙の連載原稿も書き終えちゃっていました。

だから、今でも連載37本はできると思います。やりませんが。


もはや日本で大規模農業は成り立たず、生き残るのは小規模農業

荻原　農業の話に戻ると、私はこれまでの農林水産省の指導がよくなかった気がし

てなりません。集約化によって大きな農家を作って海外に対抗する政策を進めてきましたが、ＴＰＰ（環太平洋パートナップ協定）で市場を開放してしまったら、海外の大きな農家と競ったときに、スケールで完全に劣ってしまうのは明白でした。ＴＰＰで日本の大きな農家が潰れていくのは自明の理だったわけです。

その点、森永さんのように比較的小規模で農業に取り組んでいるところはたくましいですよ。いわゆる〝3ちゃん農業〟で、お父さんは農協で働き、お母さんとおじいちゃん、おばあちゃんで営んでいる農家は食うに困らない一方で、先祖伝来の農地を手放すわけにはいきません。だから、おのずと一所懸命に取り組み、そういった農家は生き残ることができます。

ところが、集約による大規模農業は農水省が推進してきたはずなのに、機械化して多額の借金を背負い、そういったところの経営のほうが成り立たなくなっているのが実情です。

食糧難が目の前に迫っている時代に、どうしてこのような状態を見過ごしているのかが疑問ですね。なぜ、農水省は軌道修正を行わないのでしょうか？

森永　その点に関しては、少しずつではあるものの、変化が生じつつあります。農地を買うには農業委員会の許可が必要で、基本的には50アール（1500坪）以上で、年間150日以上の就農が求められます。

ところが、最近は農水省が規制を緩和したため、自治体によっては、1アール（30坪）でも購入を認める農業委員会が出始めています。ようやく農水省も、「半農半X」というライフスタイルを認める方向に政策を転換し始めたのです。

〝自産自消〟から〝地産地消〟へ、それでも足りぬなら〝国産国消〟で

荻原　具体的に、森永さんはどういったことを提言してきたのですか?

森永　私が訴えかけてきたのは、まずは〝自産自消〟の自給自足で、それでは足りない分を〝地産地消〟によって地域でまかない、それでも足りない分は〝国産国消〟でカバーし、どうにもならない分だけを海外から輸入するという構想です。すると、私が用いていた言葉をひっくり返し、ついにＪＡ（農協）が〝国消国産〟を掲げ始めました。

ただ、ＪＡグループの国消国産は、国民が求める食料を日本の農業が作っていこうという考えなのですが、私は、自分や地域や国で作れるものを食べるように食生活のほうを変えましょうと言っています。

荻原　今回のウクライナ問題でも痛感したのは食料に関することで、日本はあまりにも脆《もろ》いですね。戦後、先進国の多くは農業に力を入れてきました。

たとえば、フランスの農家は費用の８割を補助金でまかなっており、ほぼ公務員のようなものです。米国も農業に多額の補助金を拠出していますが、日本の場合は

少しでも農業にお金を入れると、過保護だと大騒ぎになりがちです。

本来の農業政策とは、生産した農作物のうち、国内において消費しきれない分を平時には海外に売る方向へ導くもの。だからこそ、食糧難に陥った場合は100%の自給が可能となります。いわば、農業を安全保障の一環として捉えているわけです。

輸入物価の高騰に苦しむ現状は、農業の発展を疎かにしてきたツケ

荻原　農業を発展させるには、お金だけでなく時間もかかります。これに対し、工業は資本さえ投じて人を集めれば、手っ取り早く生産を始められます。

だから、アジアやアフリカの新興国は工業化で稼いだお金で食料を海外から買う（輸入する）という行動をとってきましたし、その先駆けだったのが日本でした。こうして自国の農業発展がないがしろにされた結果、輸入物価の高騰に苦しめられているのが現状です。

グローバルな奪い合いによって、小麦や大豆もなかなか買えなくなっています。

大豆なんて、中国に在庫の半分以上を買い占められてしまう始末です。
そして、どこまでも値上がりが止まらない状況に国民が苦しめられています。これまで農家を大切にしてこなかったツケが今の私たちの生活に跳ね返ってきているのだと思います。

森永　大豆なら私の畑でも穫れますし、隣の畑のおじさんは小麦を育てていますよ。先日、そのおじさんが所沢産の小麦だけで作ったうどんをおすそ分けしてくれたのですが、実に美味《うま》かった。
伸ばした麺の真ん中のきれいな部分は売り物にするので、もらったのは端っこの切り落とした部分です。とはいえ、それでも味は格別でした。

荻原　日本の自給率を高めるためにも、森永さんが先頭に立って普及を促し、みんなが農業に挑戦する土壌を作っていく必要がありますね。

森永　いやいや、私の場合はあくまで〝自産自消〟の「マイクロ農業」の段階ですから。ただ、「マイクロ農業」を実践する人が増えるのは、日本の食料自給率を上げるためにも好ましいことだと思います。

日米安保に関しても、奇妙な幻想を抱いている日本人

荻原　いずれにしても、エネルギー・資源から食料まで、多くを輸入に依存している日本の脆弱ぶりは、今回のウクライナ問題で見事に露呈しましたね。

森永　別の論点になってきますが、私はウクライナが日本の在るべき姿を示してくれたと思っています。つまり、専守防衛です。

私は昔からテレビ番組で、「ならず者国家が攻めてきたら竹やりで戦うぞ」と発言してきました。「そんなことをしたら、すぐに殺されるだろ！」とか、「森永、死んじゃえ」とかいった批判が続出して大炎上しましたけど（笑）。

でも、手元に武器がないから竹やりと口にしただけで、マシンガンが供与されるならそれで戦うし、対空ミサイルをもらえるならそれで敵を撃ち落としますよ。要するに私が言いたいのは、日米安保条約があるし、米国にお金をいっぱい払っているので必ず守ってもらえると思い込むのは、ものすごく無責任だということです。

ウクライナにしても、１９９４年12月に米英露によって交わされた「ブダペスト覚書」によって、本当は米国や英国が守ってくれるはずでした。ウクライナ、ベラルー

シ、カザフスタンが核不拡散条約に加盟したことを受けて、これら3カ国の安全を米英露が保障するという取り決めです。

ところが、米英とも武器はくれるものの、軍隊を派遣して守ってはくれませんでした。やはり、自分の国は自分で守ることを基本としなければならないのです。

私はベトナムを旅した際に、米軍に勝利したベトナム正規軍の軍服一式を買い揃えました。ならず者国家が攻め込んできたら、すぐさま戦える体制を整えています。

荻原　確かに、日本人は日米安保に関して幻想を抱きすぎていますね。有事が発生した際には米国の戦艦が現地に居る日本人の子どもたちを保護し、日本まで送り届けてくれると発言した政治家がいるほどですから。

当然ながら、米国軍が率先して救助するのは自国民だと規定されていますし、その次の優先順位はグリーンカード保持者（永住権取得者）、3番目が欧州人で、日本人は4番目の「その他」に含まれているのです。

ちゃんと助けてもらいたいからすり寄って米国の武器をいっぱい買っていますが、オスプレイとか迎撃ミサイルのパトリオットとか、大して役に立たないものばかり。核の脅威にさらされている韓国なんて、全国民が避難できる防空壕を建造しているというのに、日本の油断ぶりにはものすごく危うさを感じますね。

森永　わが家の近くにある航空自衛隊の基地は、おそらく戦争になったら真っ先に標的となるでしょう。支給してくれれば、私は畑に潜みながら地対空ミサイルで応戦します。

荻原　ミサイルって、命中させるのはかなり難しいでしょ？

森永　いや、物陰から発射するミサイルは、意外と命中すると思いますよ（笑）。

荻原　それはともかく、安全保障のことをもっと現実問題として真剣に考えるべき時期が来ていることは間違いないでしょうね。少なくとも、単に防衛費を増やせばいいという話ではありえません。

トカイナカでは、スーパーには出回らない野菜も買える

森永　話は変わるけど、ラジオ番組で共演したスポーツライターの金子達仁さん、奥さんはフリーアナウンサーの八塩圭子さんなのですが、彼らは毎週のように、所

沢市の下富にある道の駅まで出かけているそうです。なぜなら、地元の農家が作っていて一般的なスーパーには出回っていない野菜が手に入るからです。実際、あれこれ眺めながら野菜を買っているだけで、すごく幸せな気分になりますからね。

荻原　ホント、楽しくなっちゃうし、値段もお安いだろうから。

森永　でも、私の場合は自分で作っちゃうようになったから、最近は道の駅にもあまり足を運ばなくなっちゃいましたけど。自分の畑で穫れたものを消費するので精一杯だから。

60個のスイカを収穫し、知人にも分け与える自給自足の生活

荻原　それにしても、〝自産自消〟や〝地産地消〟は、ものすごく豊かなことですよね。私も非常に興味があったので、全国各地の自然農業などを見学してきました。

そして、鳥取のとある酪農施設を訪問した際に、見覚えがあるマークが視界に入って驚嘆しましたよ。偶然にも見学に訪れた施設は、子どもが生まれた頃からわが家で飲んできたお気に入りの牛乳の製造元だったのです。

その牧場では牛たちが自然豊かな環境の中でストレスなく過ごしていて、「あんなに美味しいのは、こうして大事に育てているからなのだ」と感激しました。ただ、ここでふと思ったのですが、森永さんの場合は〝自産自消〟で販売はしていないだけに、作りすぎて余ったりすることはないのですか?

森永　今、私が借りている畑の広さは60坪で、２０２２年の夏にはそのうちの30坪でスイカを育てて、60個を収穫できました。うちの家族だけではとても食べきれないので、余った分はいろいろな人たちに差し上げています。

ここ2年程、お笑いコンビの阿佐ヶ谷姉妹はほぼ私の野菜で暮らしていると言っても過言ではないでしょう(笑)。

それまでの常識が変わることも、自分自身で野菜を作る効用ですね。葉物は虫が食っているし、キュウリは曲がっているのが当たり前なのだということがわかり、そうすると廃棄も減って、世の中がすごくよくなると思います。

荻原　今のスーパーに並べられているのは、真っすぐのキュウリや虫食いの跡が残っていない葉物野菜で、消費者もそういったものを求めています。だけど、農家の方々が有機栽培などで丹精込めて作った野菜は、たとえ見てくれがよくなかったとしても、本当に美味しいものです。

食に関して正しい教育を怠ってきたことも日本という国の大罪

荻原　消費者に対して正しい食の教育を怠ってきたことも、日本という国の大きな罪ですね。フランス人と話していても、食に対する意識の違いに驚きます。

フランス人同士の間では、どのワインが最も美味しいのかという話がよく持ち上がります。すると彼らは、必ずと言っていいほど「○○村の□□さんが作ったものが最高だよ」といった答え方をするのです。

どこで誰が作っているのかということも含め、きちんとした食の教育が幼い頃から行われているからでしょう。えてして日本人が同じような話をすると、「シャルドネという品種のブドウを使ったワイン」とかいった答え方になりがちです。

お気に入りのワインに、同じく自分にとってイチオシの職人が焼いたパンを合わせれば、ものすごく豊かな気持ちになるのは当然。森永さんが育てた野菜で作ったお味噌汁も、きっと絶品なのでしょうね。

森永　農業はやる気になれば誰でもできますし、やはり自分で育てたものの味は格別です。ただ、プロでなければ難しいものがあるのも確かで、その一例がメロンやイチゴです。私の畑でもイチゴは作っていますが、フルーツパーラーで出てくるもののほど甘いものには育ちません。

それに、私のような露地栽培の場合、11～3月の寒冷期にはあまり収穫が得られません。大根と白菜、レタス、ホウレン草ぐらいで、ハウス栽培の農家にまったくかないませんね。だから、分業という感覚で取り組めばいいと思っています。

荻原　今、森永さんがおっしゃったのとは真逆の感覚で生きている人って、世間にはたくさん存在していると思います。「お金を稼いでモノを買う↓欲しいモノを買えるほどのお金がないから、もっと稼がなきゃ！」という思考で遮二無二働くものの、「それでもこれっぽっちしか得られないのかよ」と不満を募らせている人たちです。

その人たちの生活はそのパターンでどうにか成り立っているので、いきなり発想を転換させるのは難しいかもしれません。でも、今後はいっそう窮屈になっていくことが目に見えています。

森永　人間を最もダメにしてしまうのは、そういったマニュアル的な労働です。グローバル資本主義の中で片っ端からマニュアル化されていき、労働者が機械の歯車になってしまったうえ、ノルマだけがどんどん押しつけられてきた結果でしょう。

「農業はとにかく自由で楽しい」と元会社員たちが異口同音

森永　グローバル資本主義下のマニュアル的な労働と比べると、農業ははるかに自由で、自分が望んだように取り組めるのも魅力です。

たとえば、私はトマトをジャングル方式で育てています。通常は脇芽を摘んでジャングル状態にはしませんし、夏野菜だから秋を迎えるとすべて片づけてしまうものですが、あえて私は伸び放題にしています。そうしておくと、12月の中旬頃まで収穫できるからです。

プロの農家がそれをやらないのは、美味しくないのと、生産性が劇的に下がって

商売として成り立たないから。秋になると赤く熟す前に落ちてしまうものもたくさん出てきますが、私の場合は楽しくてやっているから、それでもいいのです。

荻原　練馬に住む私の友人も、一坪農園で農業に励んでいます。私もたまに手伝いに行きますが、収穫したばかりの野菜をツマミに缶ビールを飲みながら談笑する時間が格別ですね。

同じ農園の別の区画を借りている人たちも集まってきて、コミュニケーションの輪が広がっていくのも印象的でした。土を触っているだけで人間は優しくなれる気がしますし、とても楽しい時間だったと思います。

森永　もともと会社員だった人たちは口を揃えて、とにかく農業は自由なところがいいと言っています。何を植えるかはもちろん、どのように土作りをするのも自由で、好き勝手なことができるからです。

組織の中の歯車としてノルマを押しつけられていた時代と比べて、はるかに楽しいことを痛感しているようです。それに、是が非でも都心に住まなければならないという縛りもなくなっています。

実際、２０２１年の東京23区では転出超過となりましたし、東京都全体で見ても人口は減少しました。すでに、トカイナカに移住する人が増えつつあります。

荻原　これからは、東京からの人口流出がますます顕著になっていくでしょうね。そうすれば、保育園における待機児童の問題なども改善されそうです。

森永　ただ、それでも特別養護老人ホームにおける待機高齢者の問題を改善しようという動きは少しも見られませんね。

国民負担率48%は江戸時代の「五公五民」に匹敵する悪政

荻原　そうそう。政策に関する不満と言えば、こともあろうに政府は、増税によって防衛費を捻出しようと画策していますね。私が頭にきているのは、国民が苦しめられてものすごく貧乏になっていく中で、国は2021年度にバブル期を超える史上最高の税収を得ているうえ、さらに増税を画策していることです。

2021年の時点で、社会保障と税金を合わせた国民負担率はすでに48%に達していています。これでは、江戸時代に八代将軍となった徳川吉宗の「五公五民」とほとんど同じですね。

米の全収穫量の5割を領主が年貢として徴収し、残る5割を農民が取得するというもので、吉宗はそれまでの「四公六民」を改めて大増税を強行し、各地で百姓一《いっ》揆《き》が相次ぎました。ひどい状況に突入していく予感しかしないですね。

森永　だから、私は「定年後は住民税非課税世帯となることを目指せ！」と提唱しています。税金と社会保険料を納めなくてすむようになれば、暮らしはずいぶんと楽になるのです。

2022年に限って言えば、住民税非課税世帯は5万円をもらえましたし、医療・介護サービスを受ける際の負担も軽くなります。自治体によってはバス運賃が無料になるなど、様々な特典が設けられています。

逆に定年後も下手に働きすぎると、地獄に落ちてしまいます。たとえば私は63歳から年金をもらえたはずだったのですが、仕事をしているので在職老齢年金制度の規定で厚生年金の支給額がゼロになってしまいました。65歳以降も厚生年金はもらえず、受給は大学の定年（70歳）までお預けなのですが、63歳から69歳まで給付制限を受けた分は、一生取り戻すことができません。

しかも、国は税金と社会保険料を取りたいから、定年後もフルに働かせる方向に導こうとしています。だからこそ、少なくとも定年後は、住民税非課税世帯となることが国に対する最大のレジスタンスになるのです。

生活費を抑えればさほど稼がなくても生きていけますし、私のように自分で自分の食べる野菜を作っている分には所得税も消費税もかかりません。住民税非課税世帯となることは、意外と難しいことではないのです。

消費税がかからない物々交換にも着目して国にレジスタンス！

荻原　コロナ対策で住民税非課税世帯に支給された特例給付金にしても、返す必要がありませんからね。みんながなるべくお金を使わなくなっているのも、無意識のうちのレジスタンス行動かもしれません。だって、給料が上がらないわけですし、デフレから脱却できなくても、やすやすと現金は手放せないですから。

森永　その点、トカイナカの畑ではいろいろな人が様々な農作物を育てているので、自分が作っていないものも物々交換で手に入れられて現金不要です。

荻原　物々交換は消費税がかからないから好都合ですね。それ、いいかも？

森永　そうそう。だから、物々交換で消費税にもレジスタンス！

今の20〜30代が未来の日本に希望の光を照らす

荻原　ここまで暗い話のほうが多かったかもしれませんが、未来に対して希望を抱けないわけではありません。今の20代が社会の中心となる20年後には、上りから下りのエスカレータに切り替わって困り果てている今の40〜50代が現役を引退しています。

こうして今の若い人たちが社会の主役となれば、構造がかなり違ってくると私は思いますね。

その意味では、私なんかも早く退場しちゃったほうがいいかもしれませんが、それもちょっと寂しいから、彼らの邪魔にならないように気をつけながら仕事を続けたいと思っています。


森永 若い人たちが起業することに関しても、すでに環境が大きく変わってきていますね。昔は銀行からお金を借りないとビジネスを進められませんでしたが、今は金持ちのスポンサーを見つければ、意外と簡単に起業できます。

私が教えている大学でも、卒業からわずか2年後に新宿の歌舞伎町の一等地でジンギスカンのレストランを始めた子がいました。「そんな大金をよく用意できたな」と言ったら、「スポンサーに全額出してもらいました」とのことでした。

さらに、在学中から起業して成功した学生もいましたね。米国に短期留学した際に現地で刺激を受けたのか、自分ひとりでCM（コマーシャル）を制作するビジネスを始めました。

営業から企画書や台本の作成、キャスティング、撮影、編集まですべて自分で手掛けて、CM1本につき100万円という料金設定です。ものすごい数の受注を獲得し、卒業式の直前には6000万円もの仕事をこなしていました。

だから、「有頂天になってフカフカの絨毯と革張りのソファのような贅沢《ぜいたく》な暮らしをすると、しっぺ返しを食らうぞ」と口酸っぱく忠告しておきました。ところが、その数年後に銀座で私を見つけて声をかけてきた彼は、ポルシェに乗っていました。

しかも、三軒茶屋にあるデザイナーズハウスに住んでいるとか。「だから、そういった派手な暮らしはダメだぞと何度も注意しただろ」と説教したら、「先生、大丈夫ですよ。オンラインサロンでも結構稼いでいますし、まったく生活は圧迫されていませんから」とあっけらかんと言い返してきましたよ。

荻原　でもね、いいじゃないですか。だって、自分で儲けたお金なのですから。やはり、そういった若い人がたくさん出てくると、日本はもっと明るくなっていくと思いますね。

今の若い世代は無駄遣いもしないで、お金も結構ためていますが、けっして我慢して質素に暮らしているわけではないようです。また、熱い心を秘めている人も多く、たとえばウクライナのために役に立ちたいと考えて集会に参加しているという話を聞かせてもらったことがありました。

結局、私たちにとっての希望の光は私たち自身の中にあるものではないということでしょう。未来の日本に希望を与えてくれるのは今の若い世代です。

今の20〜30代にしっかりとこの国を支えてもらうためにも、私たちは彼らの邪魔をしないように気をつけないといけませんね。

第5章　森永卓郎流「混迷の未来を生き抜く処世術」

コロナ禍で辿り着いた「トカイナカ」でのマイクロ農業

私は2018年から赤城山のふもとにある群馬県昭和村で、農業に取り組むようになりました。もともと農業をやりたいと思っていたところ、「あぐりーむ昭和」という道の駅の倉澤新平駅長から、隣接する畑で体験農園をやるので参加しないかというお誘いがありました。「仕事があって、毎週末に行くことができないから」と最初はお断りしたのですが、駅長が「森永さんが来られない場合は、代わりに草むしりをしてあげるから」と誘ってくれたのが、農業を始めたきっかけです。

それ以前にも自宅の庭で野菜を育てていましたが、「花を植えるよりも、食べられるもののほうがいいだろう」といった程度の発想にすぎませんでした。倉澤駅長に声をかけていただいて以来、4～11月にかけて埼玉・所沢の自宅から昭和村へほぼ毎週通う生活が定着し、畑でキュウリやナス、ピーマンなどを育てる一方、田んぼで米作りにも挑戦しました。

そんな生活が2年程続いたのですが、2020年からは自宅のある所沢で小さな畑を借りて、農業に毎日取り組むようになりました。昭和村の経験を通じて農作業

にすっかり魅了されたことに加えて、コロナの感染拡大で仕事が激減してヒマな時間ができ、さらには群馬に出かけること自体がコロナで難しくなってしまったからです。
もともと私は所沢に自宅を構えていたのですが、仕事が多忙で東京都内に借りた事務所で過ごす時間のほうが圧倒的に長くなっていました。しかし、現在はもっぱら所沢で農作業に勤《いそ》しみ、事務所は基本的に仕事には使っていません。早朝のラジオ番組出演で朝が早い場合の仮眠施設に使っているだけです。
「トカイナカ（都会と田舎の中間）」に暮らしながら、自分の食べる野菜を自分で育てることがとにかく楽しく、世間がコロナに翻弄される中で心豊かな日々を過ごせるからです。所沢のようなトカイナカは、都会に通える距離にありながら、豊かな自然が残されています。

都会へもアクセスしやすいので、一般的な会社員の方々でも通勤には特に支障をきたさないはずです。デフレに蝕《むしば》まれて所得も増えない時代に突入していくなかでは、トカイナカでの暮らしが新しいライフスタイルになるのではないでしょうか？

人の密集もはるかに少なく、近隣の農家が作った農産物を直接買うことも可能なトカイナカこそ、年収２００万円時代でも不自由なく平穏な日々を過ごせる「理想郷」なのです。

そして、自分の食べる野菜を自分で育てる「自産自消」の「マイクロ農業」を実践すれば、お金に対する依存度も低くなります。「マイクロ農業」とは、本格的な農業の域には及ばないものの、市民農園・家庭菜園よりは少しだけ本格的な農業を意味しています。

生き抜くのがさらに困難となるこれからの時代、トカイナカに住みながら「マイクロ農業」という副業を持つことこそ、究極のセーフティネットとなるでしょう。「マイクロ農業」は定年後の楽しみとしても最適ですし、75歳まで働き続けるつもりの人も、農業を兼業すると毎日が充実するはずです。

「大規模・集中・集権」から「小規模・分散・分権」へシフトしよう

米国流の工業や農業が象徴するように、グローバル資本主義の基本理念は「大規模・集中・集権」でした。そのイデオロギー自体が崩壊する今後は、その真逆である「小規模・分散・分権」に転換することが理想的な社会の在り方だと私は考えています。

少なくとも戦後の日本では、大都市への一極集中がずっと続いてきました。その最たる例が東京で、こうした流れも「大規模・集中・集権」に基づくものです。しかし、ついに足元ではその流れが完全に逆転し始めています。ウィズコロナの生活を前提とする時代において、感染リスクが高くて危ないのは大都市だということも日本中の人々が痛感しています。

特にトカイナカでの農作業は人との接触がほぼ皆無なので、感染リスクが極めて低いと言えます。それに、都会ではタバコが吸える場所がどんどんなくなっていますが、畑に行けば誰もいないから、気兼ねなく一服できます。

ふと昔読んだ『108年の幸せな孤独　キューバ最後の日本人移民、島津三一郎』（KADOKAWA）という本を思い出しました。キューバに移住して最後まで生き残った日本人について書いたノンフィクションなのですが、主人公の島津さんは波乱万丈の人生を送ったあと、キューバの老人施設で最期を迎えます。支援者たちに囲まれて、最期は美味そうにタバコを吸いながら、この世を去っていくのです。

私もそのようなパターンがいいなと思っています。それはともかく、都心とトカイナカのパラレル生活を長く続けた結果、「都心は人の住むところではない」という考えに私は辿り着きました。

リモートワークの環境が整った今、トカイナカにいても今まで通りの仕事をこなせますし、オンラインで会議や打ち合わせも可能です。しかも、トカイナカでは鳥のさえずりで目が覚めますが、都心ではパトカーのサイレンやバイクの爆音がアラーム代わりで、それが年がら年中なのですから、どちらが心穏やかな日々を過ごせるのかは明白です。

首都直下地震も! 東京は世界で最も災害の脅威に脅かされている都市

意外に感じる人も多いでしょうが、世界最古で世界最大級の保険市場を監督する英国のロイズがケンブリッジ大学と共同で調査している「脅威リスク都市ランキング」において、東京が第1位に選ばれています。同調査は治安に焦点を当てたものではなく、紛争や災害に対する脅威を試算したランキングとなっています。早晩、首都直下地震が発生するリスクを負っているだけに、東京が世界で最も脅威に直面しているとの結論は当然なのかもしれません。首都直下地震が現実となれば、東京の首都機能が壊滅する程度ではすまないでしょう。

内閣府に事務局を置く中央防災会議の防災対策推進検討会議が管轄する首都直下地震対策検討ワーキンググループは、2013年12月に首都直下地震の被害想定について最終報告を発表しています。それによると、最悪の被害想定は死者2万30

00人、建物の倒壊・焼失61万棟、経済的被害は95兆円に上るとのことです。

地震発生の可能性については「今後30年以内に70％の確率で首都直下のマグニチュード7クラス」と推定していますが、そこまで先の話ではないおそれもあります。京都大学名誉教授の鎌田浩毅氏は、歴史的な地殻変動の場所とタイミング、順序が現代と似ていると指摘しています。

歴史を遡ってみると、863年に越中・越後地震、その6年後に貞観《じょうがん》地震（三陸沖が震源）が発生しました。その9年後の878年には、相模・武蔵地震（首都直下地震）に見舞われています。

現代の経緯に照らし合わせてみると、2004年の新潟県中越地震から7年後に東日本大震災が起きています。先に述べたように、平安の世では貞観地震の9年後に首都直下地震が発生しており、現代でも東日本大震災から10余年が経過しているだけに、警戒感を強めたほうがよいかもしれません。

トカイナカは都会と比べ、自然災害のリスクに強いのも魅力

今の日本では、地震以外の自然災害も頻発しています。地球温暖化の影響も指摘されていますが、大型化した台風や豪雨によって、毎年のように日本のどこかで河川の大規模な決壊が起きています。

少し古いのですが、前出の中央防災会議傘下の「大規模水害対策に関する専門調査会」は、2010年に荒川右岸低地氾濫時の被害想定を発表しました。それによると、人口にして約120万人、世帯数にして約51万世帯が浸水の被害に遭い、避難率0％の場合の死者数は約2000人、1日経過後で避難率0％の場合の孤立者数は最大で約86万人に達するとのことです。

東京だけに限らず、日本のほとんどの大都市は沿岸部に位置し、大きな河川が形成した三角州上などで発展しているケースが少なくありません。記録的な豪雨の記録が頻繁に塗り替えられる現実を直視すれば、大都市で暮らすことは自然災害の危険と隣り合わせだと言えるでしょう。

その点、都会と比べてトカイナカは自然災害のリスクに強いのが魅力です。東日

■荒川右岸低地氾濫時の被害想定（2010年）

想定堤防決壊箇所	死者数
東京都北区志茂地先	約2000人 （避難率0％の場合）

浸水面積	孤立者数
約110㎢	最大約86万人 （1日後、避難率0％の場合）

浸水世帯数	地下鉄等の浸水被害
約51万世帯 床上浸水：約45万世帯 床下浸水：約6万世帯	17路線、97駅、約147km （防水対策のない場合）

ライフラインの被害
電力：約121万軒　　ガス：約31.1万件 上水道：約164万人（給水制限） 下水道：約175万人（汚水処理） 通信：約52万加入（固定電話） 約93万在圏（携帯電話） ※どの場合も供給側施設の浸水による支障に関する想定結果。停電による供給側施設の途絶や個別住宅等の浸水による支障は含まないため、支障件数はさらに増加すると想定。

出所：中央防災会議「大規模水害対策に関する専門調査会」（一部抜粋）

本大震災に見舞われた際も、都内のスーパーでは陳列棚が空っぽになったそうですが、私の家の周りではそんなことは起きませんでした。

今は、私自身が農作物を育てていますし、家の周りも畑だらけなので、スーパーに出向かずとも旬の野菜が農家の「直売所」で買えます。

象徴的なのは、タレントのテリー伊藤さんが東京大空襲を経験した女性から聞いた話です。東京が火の海と化し、彼女は空腹の状態のまま、ひたすら北に向かって逃げていったそうです。

そして、ようやく食べ物を手にできたのは、埼玉県に入ってからのこととか。これは当時だけに限った話ではなく、都会とトカイナカの違いを象徴することだと私は思います。

コスト距離か時間距離か、移住先選びの視点は人それぞれ

私のシンクタンク時代の同僚が北陸新幹線の停車駅の安中榛名《あんなかはるな》（群馬県）に移住しました。自然豊かな場所で駅にも程近く、東京駅までの所要時間も1時間だそう

です。

新幹線代がかかるのはネックですが、上京は月に1〜2回程度だからまったく問題ないそうです。けれども、仮に私がその地に住んだとしたら、新幹線を使った時点でラジオの仕事は赤字になってしまいます。

だから、どこに住むのかは人によりけりです。私の場合は時間がかかってもいいから、往復で1000円少々の運賃でなければ仕事が成り立ちません。

結局、コスト距離と時間距離のどちらで判断するかということでしょう。高いギャランティを得ている人なら、時間距離で考えると住む場所の選択肢が広がります。

ちょっと極端な話ですが、とあるライターの方は東京から福岡空港の近くへの移住を考えているそうです。「大丈夫ですか？　不便にはなりませんか？」と私が尋ねると、「上京する機会は限られているし、博多近辺の都市機能は東京とさほど変わりません」とおっしゃっていました。

そう言えば、テレビ局ディレクターだった私の知人が2004年頃に沖縄への移住を決断したことがあります。ところが、それから2年も経《た》たないうちに別のテレビ局でディレクターとして勤めていたので、「どうしたの？」と聞いたら、「沖縄はすごく快適でずっと住み続けたいと思ったものの、仕事がなくてお金が尽きたから戻ってきた」との返事でした。

今から思うと、彼の移住はちょっと早すぎたのかもしれません。当時の撮影機材はもっと高価でサイズ的にもかさばりましたし、リモート会議などのソリューションも存在しませんでした。

しかし、現代であればスマートフォン1台だけで、かなり高度な動画撮影・編集が可能です。自分が担っている仕事の内容によって個人差は出てくるものの、仕事のために都会暮らしが前提となるケースは、もはや少なくなってきているのです。

一極集中ではなくなった後の東京はありふれた普通の都市に

一極集中が途絶えた東京は、おそらく普通の都市になるのでしょう。世界を見渡してみても、東京のようにとてつもなく巨大な都市は他に見たことがありません。

たとえばドイツの主要都市では、ターミナル駅を列車が出発して10分か20分も経てば、深い森の中に入っていきます。そして、森を抜けると一面に田園風景が広がっているのです。

深い森で大都市を取り囲み、都会の厄害が外に漏れないように封じ込めているのです。いわば、結界を張るような感じでしょう。

実は、昭和初期の東京でも同じようなことに取り組もうとしていました。「東京緑地計画」と呼ばれ、緑地の内側に都市機能を集中させて外側には自然を残すという構想でした。

実際に工事も進められ、その緑地の名残が小金井公園や深大寺植物園、砧《きぬた》公園、舎人《とねり》公園などです。ところが、太平洋戦争で食料不足に陥ったことから、緑地に畑を作って農産物を育てることになりました。

すると、終戦とともに乗り込んできたGHQは緑地を農地と勘違いしたのです。その結果、農地解放（農地改革）によって緑地がバラバラに払い下げられてしまいました。

さらに東京に関して言及すれば、政府機能も福島県へ即刻移転させるべきだと私は思います。実は、今から30年も前に「国会等の移転に関する法律」が定められており、同法に基づいて設置された国会等移転審議会は1999年12月に当時の総理大臣に対して答申を行い、「栃木・福島地域」が首都機能移転先候補地の1位に選ばれています。

2位以下の候補地も見渡したうえで国が最終決定を下せばいいだけのプロセスまで進みながら、いっこうに実行される気配がありません。国会を福島に移せば震災や原発事故からの復興も早まってよいこと尽くしなのですが、ひょっとしたら霞が関の官僚たちが執拗《しつよう》に抵抗しているのでしょうか？

グローバル資本主義の理不尽さに嫌気がさして都会を逃れる若者も

政治家や官僚たちは非常に腰が重いのですが、大都市に住みながらグローバル資本主義の奴隷であることを強いられてきた若者たちの中には、その理不尽さに気づいて「小規模・分散・分権」を実践する人が出てきています。「テント暮らしのまさや」というハンドルネームでツイッターやユーチューブを通じて発信している人物が一例です。

彼は普通の会社員でしたが、思い立って退職し、まずは千葉にある山林の土地を購入しました。そして、そこでテント暮らしをしながら、DIYでせっせと小屋を建てています。

土地の広さは80坪程度で、価格は1坪当たり1万円だったとか。つまり、80万円の土地代と建材費だけで、完全に手作りのマイホームを手に入れようとしているわけです。その進展ぶりをSNSで発信し、広告収入で生活に必要なお金を稼いでいるようです。

非常用の小型太陽光パネルで発電してパソコンを充電する一方、近所のスーパーまで原付で通い、店頭に設置されている無料の飲み水を容器に汲んで持ち帰っているそうです。洗濯などに使う生活水は、雨水を貯めているという徹底ぶりです。

今のところはかなり珍しい行動だからSNS上でも注目されてフォロワーが増えていますが、グローバル資本主義に嫌気がさしている人は数多《あまた》に存在しているので、自分で小屋を建てるかどうかはともかく、都会を逃げ出す人がもっと増えていっても不思議はありません。

ガンディーが唱えた「近隣の原理」とは、近くの人同士で助け合うこと

かつての私は、インド建国の父であるマハトマ・ガンディーのことを大きく誤解していました。貿易の自由化を否定し、工場の地方進出にも反対していたので、経済のことがよくわかっていない人物だと思い込んでいたのです。

自分で糸車を回して布を織り、それで自前の服を作るとか、単なる変人にすぎないのではないかと感じていました。ところが、『ガンディーの経済学 倫理の復権を目指して』（作品社）という本を読んで、まさに目から鱗が落ちたのです。

辛《つら》い暮らしを強いられている人々の生活をどうすれば改善できるのか、彼は徹底的に考え抜いて「近隣の原理」に到達しました。この原理とは、近くの人が作った食べ物を食べ、近くの人が作った服を着て、近くの大工さんが造った家に住むというものです。

いわば「地産地消」の考え方で、小さな経済の輪によってグローバル資本主義に

よる搾取に対抗しようとしたわけです。ミクロ経済のクラスター（集団）を無数に作って、まずは近隣の人々が助け合えば、やがては貧困や格差がなくなっていくはずだとガンディーは考えました。

この「近隣の原理」をきちんと理解するまでは、どこの誰から助けていけばいいのかがわからず、そのことが私にとって大きな悩みでした。テレビ番組『ここがヘンだよ日本人』で一躍有名になったゾマホン・ルフィン氏がやってきて、「森永さん、ベナンに小学校を建てたいので協力してください！」と頼まれ、「しょうがねぇなあ……」と言いながら1万円を寄付するとか、場当たり的な行動に終始していたのです。

けれども、現実にはベナン以上に貧しい国はたくさん存在していますし、すべての最貧国を助けられるような財力はありません。どうすれば優先順位をつけられるのかがわからなかったのです。

その点、ガンディーの答えは明確で、「近くの人から助けましょう」というもの。近くにいる人なら、どんなことにどれだけ困っているのかもリアルにわかりますし、手を差し伸べやすいから、非常に理にかなった教えだと感じました。

「近隣の原理」が働きやすいトカイナカでの暮らし

実は、トカイナカではガンディーが唱えた「近隣の原理」が無意識のうちに働いているケースが多いと言えます。今のところ、私はもっぱら助けてもらう側になっていますが、畑仕事をしている人たちはお互いに野菜を分け合っているのです。自分が作った野菜を他人に分け与え、自分が作っていない野菜を他人からもらうというパターンです。しかも、こうした助け合いは野菜の交換だけにとどまっていません。

隣の畑で野菜を育てている小杉さんはもともと家具職人で、私は大いにお世話になるとともに、彼の職人技に感服しました。これも「近隣の原理」の一例として挙げられるエピソードだと思います。

コロナ禍以降、ヒマな時間が増えてクローゼットの中を整理した人が多かったのか、私が運営している博物館に寄贈品が殺到しました。段ボール箱で300箱に達するほどで、私は「難民救済」と称してすべてを引き取ったのですが、あまりの数に展示スペースが足りなくなってしまいました。

すると、小杉さんが既存の棚と棚との隙間にぴったり入るように工夫した追加の棚を大量に作ってくれたのです。見事な出来栄えで、あたかも最初からそのような設計になっていたかのように完璧でした。

もちろん、材料代やちょっとしたお礼は支払っていますが、家具職人としての彼に正式な仕事を発注した際の報酬には到底及びません。「そうか、隣同士ならこれでいいのか」と、私はガンディーの教えのことを思い出しました。

おそらく、これから始まるライフスタイルの大転換では、グローバル資本主義から脱却してガンディーが唱えた「近隣の原理」へと向かっていくことでしょう。結局、この考え方は働く人たちの幸せにも結びつくものだと私は思っています。

DX、GXに加えて、AX(アート・トランスフォーメーション)も進む

トカイナカや、都会からもっと離れた場所に住みながらも今まで通りの仕事をこ

なせるのは、グローバルな規模でDX(デジタル・トランスフォーメーション)が推進されているからこそ。このDXとは、直訳すれば「デジタル改革」という意味で、「デジタル技術の浸透により、人々の生活をあらゆる面でよりよい方向へと変化させる」というものです。

これから先もデジタル技術は進化し、特にリモートワークに関してはいっそう快適な環境が整備されていくことでしょう。膝を突き合わせずとも支障なく仕事ができることは、「小規模・分散・分権」への転換において不可欠です。

また、DXとともにこれから起こるべき変化がGX(グリーン・トランスフォーメーション)でしょう。カーボンニュートラル社会を実現させるため、温室効果ガスの主要な排出源である化石燃料や電力の使用を再生可能エネルギーや脱炭素ガスに転換させることによって社会経済を変革させるというものです。

さらに、これは私だけが提唱していることですが、AX(アート・トランスフォーメーション)もこれから起きるライフスタイルの変化に大きく関わってくると思います。個々人が自分の求める創作活動に没頭する世の中になっていくと私は考えているのですが、その件については後述することにします。

ＤＸの話題に戻ると、リモートの技術とともに大きな期待が寄せられているのは、ＡＩ（人工知能）とロボットの分野における技術革新です。そう遠くない将来、シンギュラリティ（Singularity：技術的特異点）が到来すると言われ、そうなると定型的な仕事はＡＩやロボットが完全に代行してくれるようになります。

シンギュラリティはＡＩ研究の世界的な権威である米国のレイ・カーツワイル博士が示した未来予測で、ＡＩが人間の知能を上回り、それによって生活に大きな変化が起こるタイミングのことを指しています。カーツワイル博士によれば、２０２９年にはＡＩが人間並みの知能を備えるようになり、２０４５年にはシンギュラリティが訪れるとのことです。

すでに現時点においても、ＦＡ（工場の無人化）やＲＰＡ（ロボティック・プロセス・オートメーション：ホワイトカラー業務の自動化）の導入拡大が進んでいます。シンギュラリティが現実となれば、もっと高度な業務を幅広い領域においてＡＩやロボットがこなすようになるわけです。

コピー・改ざん不能のブロックチェーン技術がバーチャル資産の価値を保全

こうした社会において人間が担うべきものはよりクリエイティブな仕事で、その一例として挙げられるのは、NFT（非代替性トークン）アートに関連するものでしょう。すでに「ふるさと納税」においても、NFTを裏づけとする動画やデジタルアートが返礼品に加えられるようになっています。

NFTとは、ブロックチェーン技術を用いて発行された暗号資産（仮想通貨）の親戚です。その最大の特徴は、代替不可能で唯一無二の価値を有していることにあります。

最も著名な暗号資産であるビットコイン（BTC）の場合、ある人が保有している100BTCと別の人が保有している100BTCとはまったく同じ価値であり、だからこそ交換が可能です。これに対し、ある人が保有しているNFTは別の人が保有しているものとの代替が不可能で、まったく同じものは他に存在しません。

こうした特性のあるNFTを活用することで、今までコピー・改ざんが容易だったデジタルデータの独自性（唯一無二の存在であること）を証明できます。そこで、デジタルアートをはじめとするバーチャルなアセットの資産価値を明確化し、安心して取引が行えるようになったわけです。

「マイクロ農業」もアート。誰もが楽しいことに没頭するのがAX

私自身の活動においては、50年間にわたって収集してきた約12万点のコレクションを展示する博物館「B宝館」の運営はもちろん、コロナ禍で始めた「マイクロ農業」にしても、個人的にはすべてアートの範疇《はんちゅう》に入ると捉えています。土の作り方から始まって、苗作り、堆肥の配合、間引きに風雨・病害虫対策などといったように、様々な方面から思考を巡らせる必要がある一方で、各々に関してどのような決断を下すのかは完全に自分自身の自由です。

自分の判断が的確で上手くいくケースもあれば、まったく上手くいかないケースもあり、その点においてもアートと共通していると思います。特に芋は、掘り出してみるまで育ち具合がまったくわからず、地上部分はすくすくと育っているのに、地中部分はまったくダメだったりすることがあります。

葉物にしても、虫に食われて全滅してしまうことも珍しくない。だからこそ、農業は楽しいのです。

その点は、絵画のような知的創造物と似ている気がします。ゴッホにしても、生前に売れた絵は、友人が買ってくれた1枚だけという話が伝説化していますが、それも本当かどうかは疑わしく、ひょっとしたら存命中はまったく成果を上げられなかったのかもしれません。

結局、私はお金を稼ぐことを目的にして「マイクロ農業」に取り組んでいるわけではないので、楽しければそれでいいと思っているのです。ただ、衣食住において最低限の暮らしを営むための糧は必要となります。

だから、それを確保する仕事はこなしたうえで、残りの時間は誰もが好きなことに没頭する世の中に大転換すると私は予想しています。そう、それこそがＡＸなのです。

グローバル資本主義は排除し、純粋なアートでＧＸも推進

ただし、世の中がＡＸに向かっていくうえでは、非常に重大な前提条件があります。それは、同時にＧＸも推進するということです。

自分にとってどれだけ面白くても、環境を壊してしまうことにつながるのでは言語道断です。世界気象機関（ＷＭＯ）によれば、２０２０年に温室効果ガスの大気中濃度が過去最高を更新したそうです。

下手をすると、早ければ10年先、20年先にも地球が壊れてしまいます。純粋なアートであれば環境に優しいのですが、少しでも金儲けが絡んでくるとエコではなくなってくるのです。

つまり、グローバル資本主義的な視点は介在させてはならないということです。思えば、グローバル資本主義は環境のみならず、人々の幸福も壊してきました。

たとえば、私がまだ中学生だった50年前、Ｔシャツの値段は１０００円で、ジーンズは５０００円弱でした。ところが、今はＴシャツなら３００円、ジーンズにしても１０００円も出さずに購入できます。

なぜなら、グローバル企業が世界中の需要をまとめて新興国の生産拠点に大量発注して、地獄の底まで徹底的に買い叩いているからです。その最大の犠牲者は、低賃金で過酷な労働を強いられている新興国の人々です。

彼らが長時間にわたって単調な仕事を延々とやらされることで、私たちのもとに低コストの製品が供給されるという図式がグローバル資本主義の中で成立してきたわけです。しかも、日本で販売されている衣料品の半分以上は誰も着ないまま廃棄されています。

そのようなことを続けていたら、環境によくないのは当然のことです。先月、妻がクローゼットの中を整理していたら30年前のTシャツが見つかったのですが、まったく傷んでおらず、実際に着用しても平気でした。

最近の私は、自分なりのレジスタンス行動として、可能な限りスーツは着ないことにしています。本書の対談でもスーツを着ていないのはそのためです。実は、それだけでも人生はすごく楽しくなるのです。

多様な趣味を持つ人たちが楽しく過ごせるのが真に豊かな世の中

人生には実に様々な楽しみ方がありますし、何を楽しいと感じるのかは人それぞれでしょう。そう言えば、コロナ禍になる前まで、私が運営する博物館には海外からも見物客がやってきていました。

特に印象的だったのがメキシコから訪ねてきた人物です。隅々まで見物し、私のコレクションを次のように絶賛してくれました。

「他の博物館で展示されているのはお金を出せば買えるものばかりだが、おまえの博物館はお金では買えないものばかりだ。私はおまえを高く評価する」

そして、感動した記念にこれを進呈すると言って彼が差し出したのは、メキシコのプロレスラーのフィギュアでした。まったく欲しくなかったのですが、私は苦笑しながら受け取りました。

人の好みは多種多様だという話題に関して、大ベストセラー新書『バカの壁』（新潮社）で知られる養老孟司先生のエピソードを思い出しました。大分県の日田市が養老先生に公演を依頼したところ、彼がそれを引き受けるうえで、こんな条件を提示しました。

「日田市の森に住んでいる虫を採集して集めておいてほしい」

そこで、地元の人々が懸命に森を探し歩き、虫を採集して標本を作成したところ、それを目にした養老先生は大いに喜んだそうです。そして、しばらくして彼から地元の人々にお礼の品が届きました。

開封してみると、養老先生に進呈したものとは異なる種類の虫の標本が入っていたそうです。私自身には虫を収集する趣味はありませんが、そのような養老先生のことが大好きです。

一般的には奇妙な趣味だと受け止められがちでも、本人が楽しいと感じるものは素晴らしい。こうして多様な趣味を持つ人たちがそれぞれ楽しく過ごしていけるのが豊かな世の中なのだと私は思います。

まさにそれが、ダイバーシティと呼べるものでしょう。全員を規格化して部品のようにしてしまうグローバル資本主義とは正反対の世界です。

第6章　荻原博子流「混迷の未来を生き抜く処世術」

デフレが進む中では「借金を減らして現金を増やせ！」が合言葉

物価高に国民負担増のダブルパンチどころか、相変わらず給料も増える見込みがないというトリプルパンチで、世の中はさらに酷い状況になっています。こうした逆境下を生き抜くには、お金を極力使わないという選択肢しか残されていません。

実は、振り返って検証すれば明白なのですが、これまでもお金を使わないのがベストチョイスでした。事態がいっそう悪化しているだけに、今後はその一択だけになってしまったと言っても過言ではないでしょう。

こうして一人一人が生活防衛のために倹約を心掛けると、モノやサービスの販売不振が深刻化して、デフレに拍車がかかると批判されがちです。確かにその通りかもしれませんが、誰しも最も大切なのは自分自身の生活です。

デフレ解消の一助となるべく、無理をしてお金を使ったところで、生活が破綻してしまえば本末転倒。生きていくためには、できるだけ現金を手元に貯めておくのが一番です。

現金の蓄えを増やす方法は、出費を減らすことと、収入を増やすことという2つしか存在しません。今まで以上に困難な時代を迎えているわけですから、両方に取り組むことが求められるでしょう。

家計のムダを削って節約を進めながら、もしも奥さんが専業主婦なら、パートなどで働いてダブルインカムの体制を整えましょう。そうやって家計全体の収入を増やし、少しでも早く住宅ローンの返済を終わらせてしまうことが大切です。

なぜなら、デフレが進むと実質的に借金が増えてしまうからです。おさらいになりますが、モノやサービスの値段が下がっていくのがデフレと呼ばれる現象です。

たとえば、5000万円のローンで買ったマイホームの価格が4600万円に下がってしまっても、借金は5000万円のままです。そうすると、実質的に借金が増えているのと同じことなのです。

だから、デフレの中ではとにかく借金を減らし、家計をプラスマイナスゼロの状態に近づけていくことが大事です。そして、できれば貯蓄にも励んで手元に現金を確保しておきましょう。

ある程度の蓄えがあれば、想定外の出費などといったピンチに遭遇しても、むやみに慌てなくてすむでしょう。とにかく今は、「借金減らして現金増やせ！」が合言葉です。

バブル崩壊後、借金減らしと現金積み上げを実践した日本企業

「借金減らして現金増やせ！」と言われて、「そんな簡単なことでいいの？」と思った読者がいるもしれません。実は、1980年代末にバブルが崩壊してから、日本企業の多くが粛々と続けてきたことこそ、せっせと借金を減らしながら、現金をコツコツと積み増していくという行動でした。

その結果、2000年代には不良債権の処理をほぼ終了し、内部留保を着実に増やしていくことができました。その結果、多くの日本企業の財務がピカピカの状態になっているわけですが、残念ながら個人の家計ではこうした取り組みがあまり進められてこなかったのが現実です。

住宅ローン減税のようなエサをちらつかせた国にそそのかされ、うっかり借金を増やして現金を減らしてきたわけです。今こそ、とにかく借金を減らして現金を増

やすことに専念しましょう。

「貯蓄から投資へ！」という政府の甘言にはだまされるな

岸田政権は様々な方面から増税を画策する一方、時限的措置である「NISA（少額投資非課税制度）」の恒久化や拡充を図って、「貯蓄から投資へのシフト」という国策を推進しようとしています。しかし、そんな口車には乗らず、政府の甘言はすべて無視したほうがいいと私は思います。

国民に対して金融リテラシーを高める教育をきちんと行ったうえであればともかく、何のフォローもなくそのようなことを言い出すのは無責任です。金融商品や金融市場に関する知識がなく、経験もゼロの人たちがむやみに投資を始めたとしたら、金融機関に言われるがままになってしまうのは目に見えています。

結局、高い手数料を取られた挙句、損失が発生しても「お客様の自己責任です」の一言で片づけられてしまうだけです。たとえば、外国為替相場が1ドル＝140円台に達している局面で、「さらに150円まで円安が進むかも？」といった甘い囁《ささや》きにつられて外貨投資を行った途端、逆に130円台まで円高に戻して真っ青になっている初心者が少なくない気がしてなりません。

余裕資金が限られている人ほど、積立投資はやってはいけない！

少額ずつ定期的に資金を投じていく積立投資ならタイミングを見計らう必要がないし、「つみたてNISA」という税制優遇制度も設けられているので有利だと言われていますが、私から言わせればナンセンスな話です。投資とは自分自身の采配により、安い場面で買って高い場面で売ることで利益を得るものだからです。

にもかかわらず、安い場面だけでなく高い場面でも機械的に買い続け、わざわざ購入単価を平均化することの意味が不可解です。もちろん、それが「ドルコスト平均法」と呼ばれる手法として確立されていること自体は私も認識しています。

ただし、もっぱらそれは、数十億円といった規模の資産を持つ富裕層が資産運用を行う際に用いる手法です。すべての資産の推移に細かく目配りできないため、ほったらかしにできる手法として、ポートフォリオの一部でこの運用を取り入れているにすぎません。

余裕資金は100万円のみという人が毎月1万円、2万円といったペースで積立投資を続け、密かにその度に売買手数料を徴収されているというのは、本当にいかがなものかと私は首を傾げてしまいます。しかも、損失を被った場合は、先程も指摘したように自己責任として片づけられてしまうのです。

借金減らしと現金積み上げの前に、まずは「資産の棚卸し」を！

物事とは、自分の足元の状態をきちんと把握しておかなければ、なかなか前へは進み出せないものです。不確かなまま軽はずみに一歩踏み出すと、ぬかるみに足を取られて転びかねません。

ただ道を歩いているだけなら尻餅をついて痛いだけですむかもしれませんが、家計を守っていくための行動において足を取られてしまうことは、死活問題にまで発展しうるものです。この章の冒頭で「借金を減らして現金を増やせ！」と宣言しましたが、具体的な行動に移す前に、まずはわが家の「資産の棚卸し」を行っておきましょう。

商売において「棚卸し」は必要不可欠となる作業で、定期的に在庫や売掛金などの状況を調べ、資産評価などの現状把握を行うことによって安定的な経営を目指すものです。同じように家計においても、現状を把握するために資産と負債を書き出し、チェックして将来の安定を確保することが求められてきます。

同じように、家計の「棚卸し」を行って資産や負債の状況を詳細に把握できれば、何をしなければならないのかが見えてくるのです。

そして、その際の鉄則は「必ず夫婦2人が揃って取り組むこと」。なぜなら、夫婦間で家計に関するコンセンサス（共通認識）が得られることが重要だからです。

それぞれの家計に対するスタンスもわかり、前向きに話し合うための地盤も固められます。コンセンサスをもとに、これからどういった方向で努力していくべきなのかについて、お互いに確認し合うのです。

家計における「棚卸し」の狙いは、「資産と負債の割合」を知ること

家計における「棚卸し」の目的は、「資産と負債の割合」を確認することにあります。具体的に把握すべき主なポイントは、以下の通りです。

①預貯金の状況（どの金融機関にいくらの積立や残高があり、それらがいつ満期を迎え、利率はどの程度なのか）
②株や投資信託、外貨預金のような投資商品の状況（どの金融機関でいくらの購入価格で取得し、現在の時価はいくらになっているのか）
③生命保険・損害保険（どの保険会社でいつ加入し、どの程度の保障・補償が得られるのか。一方、解約するといくらの現金が戻るのか）

併せて、住宅ローンや教育ローンをはじめとする負債の状況についても書き出して整理してみましょう。クレジットカードのキャッシングも含めて、それぞれの融資を受けた時期と借入額、残債と完済までの期間、適用利率などをきちんと書き出

しておきます。

1枚の紙の上で一覧表を作成し、資産と負債の状況を一目瞭然に！

ここで肝心なのは、ノートではなく1枚の紙の上に資産や負債を書き出すこと。左（資産）と右（負債）を見渡すことで、そのバランスが一目瞭然になるからです。

企業の会計においても、バランスシート（貸借対照表）と呼ばれる方式を用いて、プラスの資産とマイナスの資産（負債）を見比べています。ノートに書き込んでページ送りをしないとチェックできないのでは、その効果が薄れてしまいます。

1枚の紙の上で一覧表を作成し、預貯金などの資産と住宅ローンなどの負債を左と右に仕分けして書き込めば、容易に比較できるようになります。たとえば、300万円の残高がある定期預金の金利が0・002％であるのに対し、夫がクレジットカードでこっそり借りていた50万円のキャッシングの金利が15％であることが判明したりするわけです。

一覧表に書き出さなければそのままの状態で放置し、キャッシングは毎月のカー

■家計の「棚卸し」一覧表の例

【資産】

取り扱い金融機関	名義	金融商品の種類	預入額・取得価格	●年●月●日時点の残高（時価評価）
宝島銀行	夫	定期預金	1000万円	1000万203円
宝島証券	妻	日本株の投資信託	50万円	46万円
タカラネット証券	夫	NISA	60万円	63万2600円
アイランドネット銀行	妻	外貨預金	100万円	83万2400円
タンス銀行	妻	へそくり	30万円	30万円
			資産合計	1222万5203円

【負債】

取り扱い金融機関	名義	借入の種類	借入総額	●年●月●日時点の残高
宝島銀行	夫	住宅ローン	3500万円	2800万円
宝信販	夫	自動車ローン	100万円	80万円
アイランドカード	夫	キャッシング（リボ払い）	50万円	48万円
			負債合計	2928万円

資産合計 1222万5203円 － 負債合計 2928万円 ＝ 純資産 －1705万4797円

※実際に紙に書き込む際は、資産を左側、負債を右側というように仕分けるのがよいでしょう。

ド利用代金といっしょにリボルビング方式でのんびりと返済していた可能性が高いでしょう。そうすると気づかぬうちに利息ばかりを支払っていることになり、大きなムダが生じてしまいます。

しかし、一覧表でチェックすれば、定期預金を取り崩して直ちにキャッシングを返済しないと損だということが明確になります。「どうしてキャッシングなんてしたのよ！」と夫を咎《とが》めるのではなく、一覧表をもとに冷静に対処し、家計の健全化を図っていきましょう。

「あなたの小遣いを減らしたくないから……」がきっかけのキーワードに

大切なのは、一覧表を見ながら夫婦の間で、建設的な意見を交わしていくこと。たとえば、こんな具合です。

「きみが定期預金に蓄えておいてくれたお陰で、意外と現金があるね」

「でも、まだ住宅ローンの返済がかなり残っているわよ」

「住宅ローンの繰り上げ返済を考えたほうがいいね。ただ、それに充てるとしたら、現状の定期預金の残高では足りないかも？」
「じゃあ、私がパートで働くから、そのお金を繰り上げ返済に回しましょう」
「きみがローンの返済のため働いてくれるのなら、俺も家事はちゃんと手伝うように頑張るよ」

こうして腹を割って話し合い、コンセンサスを得てお互いに危機意識持つことによって、家計の健全化がスタートしていくのです。おそらく、書き出した内容を最初にチェックした時点では、2人ともゾッとするケースが多いでしょう。

その時点から、夫婦の間で一気に危機意識は高まるはずです。「わが家は安泰ね。安心しちゃった！」という反応になる家庭は、ほとんど存在しないというのが私の経験則です。

普段、夫は家計にほとんどノータッチで、いきなり「棚卸し」の話を切り出しづらいということなら、まずは1カ月間だけでもいいから家計簿をつけてみるといいでしょう。きちんと数字にして、家計の状況を夫に見せるのです。

きちんと記録にして示さず、口頭で「わが家は赤字なのよ……」と相談を持ちかけるとケンカに発展しかねません。「それって、俺の小遣いを減らせということかよ！」といったリアクションを招きがちだからです。

家計の惨状を数字で明らかにしたうえで、次の一言を囁くことも重要な意味を持ってきます。

「こんな状況だから、あなたの小遣いを減らしたいという話じゃないの。逆に減らしたくないから、相談に乗ってほしいの」

この言葉を耳にして、夫は密かに胸をなで下ろしていることでしょう。そして、聞く耳を持つようになって、「小遣いは減らされないにしても、この赤字を放置しておくのはマズイよな……」と、真剣に考えるようになるはずです。

こうして前向きな話し合いに導いていくことこそ、家計黒字化の第一歩となります。そして、きちんと「棚卸し」を行って具体的な改善策を夫婦間で協議することによって、将来に対する不安が解消されていきます。

無理のない範囲で、今までの「8割の予算」で暮らすことが目標

「棚卸し」によって現状把握を行う一方で、着実に現金を貯めることができる体制を固めることも忘れてはならないポイントです。これまでもちゃんと貯蓄を積み上げてきた人ならともかく、そうではない人の場合は支出を減らさない限り、お金を貯めていくのは不可能です。

まず、現状の「8割の予算」で暮らすことを目標に掲げましょう。これはあくまで目標で、いきなり2割も支出をカットするのは容易でありません。

なるべく8割の予算で暮らすように努めるという心構えが大事です。なかなか難しいのであれば、視野を広げて工夫を施してみましょう。

たとえば住宅ローンでボーナス払いを設定しているなら、それをやめて月々の返済に振り分けるのが一考です。その分だけ月々の返済額は増えるものの、その負担を支出のカットで乗り越えられたら、ボーナスを貯蓄に回せるようになります。

とにかく重要なのは、現金を手元に蓄えていくこと。貯まれば貯まるほど、いざという場面でも安心です。

8割が無理なら9割といったように、当初は目標を下げてもいいから実際にお金を貯められる状態に家計を改善していくことが大きな一歩となります。

給料からの「天引き」で、自然と貯められる仕組みを作る

世の中には、特に強く意識せずとも自然にお金を貯められる人もいれば、いつも途中で挫折してなかなか貯められないという人もいます。少しでも苦手に感じている人は、「自然と貯まる仕組み」を作ることから始めてください。

もしも、勤務先に社内預金の制度が存在するなら、率先してそれを利用したほうがいいでしょう。なぜなら、巷の金融機関とは比べ物にならないほど金利が高いからです。

現在、メガバンクをはじめとする一般的な銀行の定期預金では、わずかに年率0・002%の利息しかつきません。ところが、社内預金は「労働基準法第18条第4項」の規定に基づく省令によって、利率の下限が年0・5%と定められています。

厚生労働省によれば、法律で定めた金利の刻みが5厘(0・5%)なので、この

下限以下にはならないようです。もちろん、会社によっては下限よりも高い金利になっているケースもあります。

そして何より、社内預金のメリットは毎月の給料から「天引き」で積み立てられることにあります。あらかじめ給料から差し引かれているので、自然と貯まっていく仕組みができているのです。

勤務先に社内預金の制度がない場合は、やはり毎月の給料から「天引き」で積み立てられる財形貯蓄を選ぶといいでしょう。こちらも存在しない場合は、給料が振り込まれる口座から毎月一定金額を自動引き落としで貯蓄できる積立定期預金を選べば、自動的にコツコツと貯蓄を積み上げていく仕組みができあがります。

多少の金利差は無視し、無理なく貯められる環境を整える

毎月の積立額が差し引かれて残ったお金で生活すれば、「8割の予算」で暮らそうと強く意識しなくても、自然とムダ遣いは抑えられ、気がつけばお金が貯まっているという状況を生み出せます。「貯めなきゃ！」と自分にプレッシャーをかけな

がら暮らしていると、お金ではなくストレスばかりをため込んでしまうので、無理せず「貯まる仕組み」を作るのが一番です。

先述した社内預金を除けば、金利のことはあまり気にしないほうがいいでしょう。多くの銀行では横並びとなっているのに対し、一部の銀行では高めの金利を提示していることがあります。

しかし、そういった高めの金利の銀行が給料の振込先でなければ、わざわざお金を移すのは面倒な作業です。たとえインターネットバンキングで簡単に送金できたとしても、そのひと手間が挫折を誘うことにもなりかねませんし、送金手数料がかかったとしたら、金利差をはるかに上回るコストとなってしまいます。

そもそも積立とは、長い時間を費やしながら根気よく蓄積していくもの。つまり、継続が何より大事で、少しでも煩わしさがあると、最初のうちは続いたとしても、次第に面倒になって「今月はいいや」と思うようになりがちです。

依然として日本では超低金利が続いており、金利が高い銀行といっても、さほど大きな違いが生じるものではありません。言い換えれば、「有利に増やせる＝金利が高いところを選ぶ」ことにはほとんど意味がなく、「無理なく続けられる＝手間がかからない」ことのほうが重要なのです。

節約は「固定費」の見直しから着手！　契約アンペア引き下げも

「自然と貯まる仕組み」によって貯蓄はスタートできたものの、手取りが減って家計のやりくりが大変になったと感じる人も出てくるはずです。その場合は、支出の中身をきちんとチェックし、大幅にカットできそうなものを探してみましょう。

大きな節約に結びやすいのは、毎月必ず発生している「固定費」の見直し。手続きは面倒でも、いったん見直すとずっと家計が楽になるのがメリットです。

まず、電気は契約アンペアを下げれば、電気代の節約に直結します。特にシニア夫婦だけの生活なら、子どもと同居していた頃のアンペア数はもう必要なくなっているはずです。

電力会社に電話をかけるだけで変更の申し込みができるので、契約アンペアを下げてみるといいでしょう。下げすぎてブレーカーが頻繁に落ちてしまうなら、再び電力会社に電話をかけて、一つ上のアンペアに変更すればいいのです。アンペアを下げるとその分だけ基本料金が安くなりますし、ブレーカーが落ちないように気をつけるので、電力使用量もおのずと減ってくるものです。

冷暖房にしても、夫婦がなるべく一つの部屋で過ごすようにすれば節約につながります。そういった意味でも、夫婦仲がいいことが大切なのです。

ほとんど着信のない固定電話は思い切って解約する

電気代以上に大幅なカットが見込めるものとしては通信費が挙げられます。インターネットにスマートフォンといったように、どこの家庭でも通信費は昔と比べて増加傾向にあるでしょうが、見直せばかなり安くなる可能性があります。

スマートフォンについては、さほど頻繁には使用しない人なら、たとえばイオンモバイルのように1人1000円以下の月額料金のもので十分でしょう。使用頻度の低いシニア向けの格安プラスが提供されています。

格安スマホのサービスに乗り換えることに抵抗がある人は、ドコモやａｕ（ＫＤ

DI)、ソフトバンクのように馴染みがある大手とは違い、知らない名称ばかりが出てくるからでしょう。でも、格安スマホは大手の通信設備を借りて事業を展開しており、通信の質などに大きな違いがあるわけではありません。

どうしても耳慣れない会社を利用することには抵抗があるなら、ビックカメラ(BIC SIM)や先述のイオンモバイルのように、よく知っている会社の関連サービスに注目するといいでしょう。そして、いずれのサービスを利用する際にも、できるだけシンプルでわかりやすい低料金のプランを選ぶのが基本です。

また、もっぱらスマートフォンばかりを利用しており、固定電話にはほとんど着信がないというケースも珍しくなくなっています。使っていなくても基本料金などが発生するので、思い切って固定電話は解約してしまうのも一考です。

子どもに持たせるスマートフォンにしても、通話サービスなしで通信のみの契約でよさそう。最近の子どもはLINEを通話並みのスピードで使いこなせます。

「固定費」の中で、最も大幅削減が可能なのが保険料

「固定費」の中で、最も大幅な削減が可能なのが生命保険や損害保険の保険料です。なぜなら、ムダな保障をかけているケースがあまりにも多いからです。

ほとんどの人たちの間では、生命保険とは入らないといけないものという認識が広がっているのではないでしょうか？　生命保険文化センターの調査によれば、日本人が支払っている生命保険の保険料は、平均で年間40万円程度に達しているそうです。

しかしながら、冷静によく考えていただきたいことがあります。それは、米国と違って日本には「国民皆保険制度」があり、すべての国民が公的な健康保険に加入しているという事実です。

医療機関で診てもらった場合の自己負担額が実費のごく一部ですむように、健康保険で手厚い保障が受けられており、その内容は民間の保険では得がたい水準です。「高額療養費制度」も設けられており、高額の医療費がかかった場合には所定の上限額を超えた分が支給されます。

さらに、病気やケガで会社を休み、事業主から十分な報酬が受けられない場合には「傷病手当金」も支払われるようになっています。本来なら、これらの保障を踏まえたうえで、それでもカバーできていないものがあった場合にプラスアルファとして加入するのが民間の保険商品なのです。

保険の見直しで年間40万円の節約も不可能ではない!

正直、ほとんどの人にとって民間の保険でカバーすべきプラスアルファの保障というのは、それほど多くはないと思います。極論を言えば、民間の保険なんてクジ引きのようなものです。

保障期間中に病気になったり死んだりしなければ、自分が支払った保険料は他の加入者の保険金に充てられるだけで、ずっとハズレのクジを引き続けているようなものです。「一家の大黒柱に万一のことがあった場合、残された家族が困ってしまうから……」と考える人が多いのは、公的年金から「遺族年金」が支給されることを念頭に置いていないからです。

一般的な会社員なら、もしも自分自身に万一のことがあった場合には、子どもが18歳になるまで月額にして15万円程度の「遺族年金」を受け取れます。住宅ローンを組んでいたとしても、加入していた団体信用生命保険によって残債が清算されているはずで、妻がパートなどで働くだけでもどうにか暮らしていけるでしょう。

ただし、「遺族年金」では子どもの教育費をカバーできないのはネックです。そこで、高校・大学の進学費用に充てることを目的に、子どもが社会人になるまでの期間に限定した定期保険で1000万円の死亡保障を掛けておくのです。

子どもが2人いればさらに1000万円の保障を追加することになりますが、それも社会人になるまでの期間限定。終身保険ではなく定期保険にすれば、保険料はかなり安くなります。

先述したように、医療保障については国の健康保険でかなりカバーされています。結局、高い保険料を支払っても、それに見合った保険金を得られない人も多いわけです。

だとしたら、多すぎる保険はさっさと解約して、保険料に充てているお金は貯蓄に回したほうが堅実でしょう。そういった具合に考えていくと、保険の見直しで年間40万円近い（支払っている保険料の平均値）節約も不可能ではありません。

10年間で400万円、30年間では1200万円に達するのですから、非常に大きな差を生むことになります。だからこそ、保険の見直しは何よりも率先して行ったほうがいいでしょう。

安全で美味しいものを食べていれば、健康維持という節約に

節約といえば、まずは食費のカットから始める人が少なくありませんが、私はいかがなものかと思います。食費を削りすぎると、栄養や添加物などに関して問題が生じるおそれがあり、ひいては健康面に悪影響が及ぶことが懸念されるからです。

もちろん、できるだけ安く買うように心掛けることは大切です。しかしながら、そのために栄養の偏りが生じたり、安かろう悪かろうで添加物だらけの食品を選んでしまったりすると、健康的な生活を長く続けるのが難しくなるかもしれません。

そもそも、よほどグルメな食材ばかりにこだわっていなければ、保険料などと比

べて食費はそこまでかさむものではありません。ここまで見てきたように、もっと大幅に節約できるものから先行して見直していくのが賢明でしょう。

ちなみに、わが家は子どもが生まれた時点からすべてを自然食に切り替えました。以来、徳島県神山町の「放牧神山鶏」や島根県雲南市木次《きすき》町の「木次牛乳」は長年にわたってわが家のお気に入りとなっています。

もちろん、自然食はスーパーの店頭に並んでいる商品と比べて割高なのですが、たとえば有機栽培の大根は葉っぱから皮まで捨てるところなく美味しく食べられますし、農薬の残留なども気にしなくてすみます。

とにかく市販の野菜と比べてはるかに味が濃く、安心して美味しいものを食べられるのは本当に幸せです。だから、個人的には家計の足を引っ張っているとは思っていません。

安全で栄養価が高く、美味しくて心も和らぐものを食べることは、健康の維持にもつながると私は考えています。健康であり続ければ、医療費もかかりません。

また、美味しい食材が自宅にあれば、外食の回数も減ります。実際、私はほとんど自炊で、その意味でも節約に結びついていると思います。

値段が高めの有機野菜も「リボベジ」でおトクに二度味わえる！

「リボベジ」を実践すれば、有機野菜をさらにおトクに活用することが可能です。「リボーンベジタブル（reborn vegetable）」の略で、調理に使わなかった野菜の根や葉、軸（芯）の部分を水につけるなどして再び生育することを意味しています。

肥料や土は不要で水だけで育てられますし、調理には不向きの部分を利用するので、失敗を恐れる必要もありません。そして何より、食べられる部分が実質的に増えるので、その分だけ節約に結びつきます。

また、本来は捨てていた部分なので、生ごみを減らすことにもつながります。特に育ちやすいのでよく知られているのは豆苗ですが、ニンジンやキャベツ、ブロッコリー、レタス、ネギ、小松菜、水菜なども「リボベジ」が可能です。

たまには遊びも満喫してメリハリをつけた暮らしを！

生き抜くのが大変な時代だからこそ、生活にメリハリをつけることも大事だと思います。たまには、羽目を外して遊びも満喫しましょう。

私の場合は、自然を相手にした遊びが好きで、特に最近は釣りの醍醐味《だいごみ》に魅了されています。趣味と言える域には達していないかもしれませんが、徳島の鳴門に住む友人を訪ねて、海釣りを楽しんでいます。

コロナ禍で少しご無沙汰になっていますが、それまでは毎年のように足を運んでいました。初めて挑戦したらビギナーズラックで真鯛を釣り上げて、すっかり病みつきになってしまいました。写真は２０２０年に釣った60センチの真鯛です。

釣れた瞬間の感動は最高ですし、釣竿を垂れていること自体が楽しくて、心も非常にリラックスできます。釣った獲物は、鱗と頭だけを落としてもらって、それから先は自分で3枚に開いてお刺身などにして食べましたが、メチャクチャ美味しくて感激しました。

鳴門まで遠征しているのでまったく経済的ではありませんが、こうした息抜きも健康維持につながっていると思います。やはり、厳しい時代を生き抜くためにも、健康が一番ですから。

徳島山あいの神山鶏の里に最新鋭のサテライトオフィスが！

徳島の神山町で育てている「神山鶏」を昔から毎週取り寄せているという話を先程しましたが、実際にどのような環境なのかを自分の目で確かめたくて、現地まで見学に赴いたことがあります。すると、広々とした平飼い鶏舎で放し飼いになっており、鶏たちもリラックスした様子で、美味しく育つのも当然だと思いました。

そして、たまたま発見したのが、鶏舎から程近い場所にあったＩＴ企業向けのサテライトオフィスです。このことは第1章でもお話ししましたが、神山町が都会から企業を誘致する目的で設けた施設で、恵まれた自然環境の中でシステムエンジニアの方々が穏やかな表情で仕事に取り組んでいるのが印象的でした。

こうしたオフィスで働いていればストレスとも無縁だろうし、お金も貯まるだろうなとも思いました。生活コストの安い田舎町で暮らしながら最先端の仕事をこなしているわけですから、まさに新しい働き方です。

今や世界で最も大きな職場はインターネットの中に存在しています。働き手を求めている企業と仕事を求めている人をマッチングさせるクラウドソーシングの世界最大手・アップワークには毎日1万人の新規登録があり、世界中の企業がオファーを出しています。

家庭菜園用地の大増殖で「マイクロ農業」ブーム発生も!?

森永卓郎さんが「マイクロ農業」に取り組んでいることについては、本書でもご本人が詳しく説明しているでしょう。まだ会社勤めをしている人が森永さんと同じレベルまで取り組むのは難しいでしょうが、定年後なら実践しやすいかもしれません。

すでに首都圏には数多くの市民農園が存在していますが、さらに今後は続々と新設されるはずです。なぜなら、1992年に生産緑地法が改正された際に多くの農家が生産緑地の指定を希望し、2022年にその解除が実施されたからです。

30年前に農家は、その土地で農業を続けることを前提に生産緑地の指定を受けるか、それとも農業は続けずに宅地並み課税を受けるのかという二者択一を求められました。そして、30年が経過して生産緑地の指定がいっせいに解除されることになったのです。

農地は余っていますし、農家としてはその土地を宅地として売却するか、市民農園などに提供するかといった決断に至ったようです。こうしたことから、市民農園はものすごい数に増えるものと推察されます。

農林水産省のホームページ（https://www.maff.go.jp/j/nousin/kouryu/tosi_nougyo/s_riyou.html）から都道府県別に整理された市民農園のリスト（エクセルファイル）をダウンロードできるので、興味のある人はアクセスしてみるといいでしょう。きっと、多くの人がその数に驚くことでしょう。

そもそも市民農園とは、一般の人々が様々な目的で小規模の農地を利用し、野菜や花を育てるための施設です。欧州には昔から存在しており、農林水産省のホームページによると、ドイツでは「クラインガルテン（小さな庭）」と呼んでいるとか。

一方、同省は「都市農業」を推進しています。これは「市街地及びその周辺の地域において行われる農業」（都市農業振興基本法第2条）のことで、消費地に近いため、新鮮な農産物が供給できるほか、大規模災害に備えたオープンスペース、緑地空間といった社会的役割を果たすものです。

森永さんの「マイクロ農業」との関連性も高いのではないでしょうか。

あとがき――「どこに住処を構えるのか」から考え直す時代

所沢の自宅に戻るのは週末だけで、普段は東京の事務所に寝泊まりするという「平日都民」の暮らしをやめ、完全にトカイナカへ拠点を移して3年目を迎えました。自宅の周辺には東京のようなおしゃれなレストランやブランドショップはありませんし、キラキラしたエンターテインメントは存在しません。

私は豊かな自然に囲まれながら、畑仕事に精を出す日々を過ごしています。そのような生活について、読者のみなさんは退屈だと思いますか?

私自身はまったく退屈を感じていません。畑には、毎日通い続けてもけっして飽きることがないほど、たくさんの仕事があるからです。冬場を除けば、野菜はほぼ自給できていますし、近所の畑を耕している仲間との物々交換もあり、肉や魚を購入する程度で、食費はあまりかかっていません。

現在、夫婦2人世帯の厚生年金の平均受給額は21万円ですが、30年後には4割減の13万円になるという推計もあります。いずれにせよ、今の現役世代が老後を迎える頃には、かなり心細い受給額となっていることは間違いないでしょう。

東京で迎えるシニアライフは、いっそう厳しいものとなるはずです。だから、できるだけ早いうちにトカイナカに移り住むことを私はお勧めします。

本書の共著者である荻原博子さんとは、これまで様々な場面で討論を重ね、意見が一致しないことも幾度かありました。しかし、今後の日本がさらに暮らしづらい国になっていくことに関しては、完全に見解が一致しています。

読者のみなさんも私や荻原さんの意見を参考にしながら、年金が13万円に減ってしまっても不自由なく幸せに暮らせる人生を歩んでください。リモートワークの普及で場所に縛られない仕事が可能となっている今、どこに住処を構えるのかという根本的なところから考え直してみましょう。

2023年1月　森永卓郎

※本書の内容は、特記のない限り、２０２２年12月末時点のデータに基づくものです。

著者プロフィール

荻原博子（おぎわら・ひろこ）

1954年、長野県生まれ。経済ジャーナリスト。大学卒業後、経済事務所勤務を経てフリーの経済ジャーナリストとして独立。テレビ、新聞、雑誌でレギュラーや連載を多数持ち、生活者の視点から、難しい経済と複雑なお金の仕組みをわかりやすく解説。デフレ経済の長期化を予測し、借金返済の必要性を説き続ける。著書多数。近著に『私たちはなぜこんなに貧しくなったのか』（文藝春秋）、『50代で決める！最強の「お金」戦略』（NHK出版新書）、『コロナに負けない！　荻原博子の家計引きしめ術』（毎日新聞出版）、『投資なんか、おやめなさい』（新潮新書）など。

森永卓郎（もりなが・たくろう）

1957年、東京都生まれ。経済アナリスト。獨協大学経済学部教授。東京大学経済学部卒業。日本専売公社、経済企画庁、UFJ総合研究所を経て現職。執筆をはじめ、テレビやラジオ、講演など多方面で活躍。著書に『相続地獄　残った家族が困らない終活入門』（光文社新書）、『森永卓郎の「マイクロ農業」のすすめ』（農文協）など多数。

宝島社新書

老後資金なしでも幸せに生きられる

（ろうごしきんなしでもしあわせにいきられる）

2023年2月24日　第1刷発行

著　者　荻原博子、森永卓郎
発行人　蓮見清一
発行所　株式会社宝島社
〒102-8388 東京都千代田区一番町25番地
電話：営業　03(3234)4621
編集　03(3239)0646
https://tkj.jp
印刷・製本　中央精版印刷株式会社

ISBN 978-4-299-03805-0